1.-4. Schuljahr

Gabriela Rosenwald

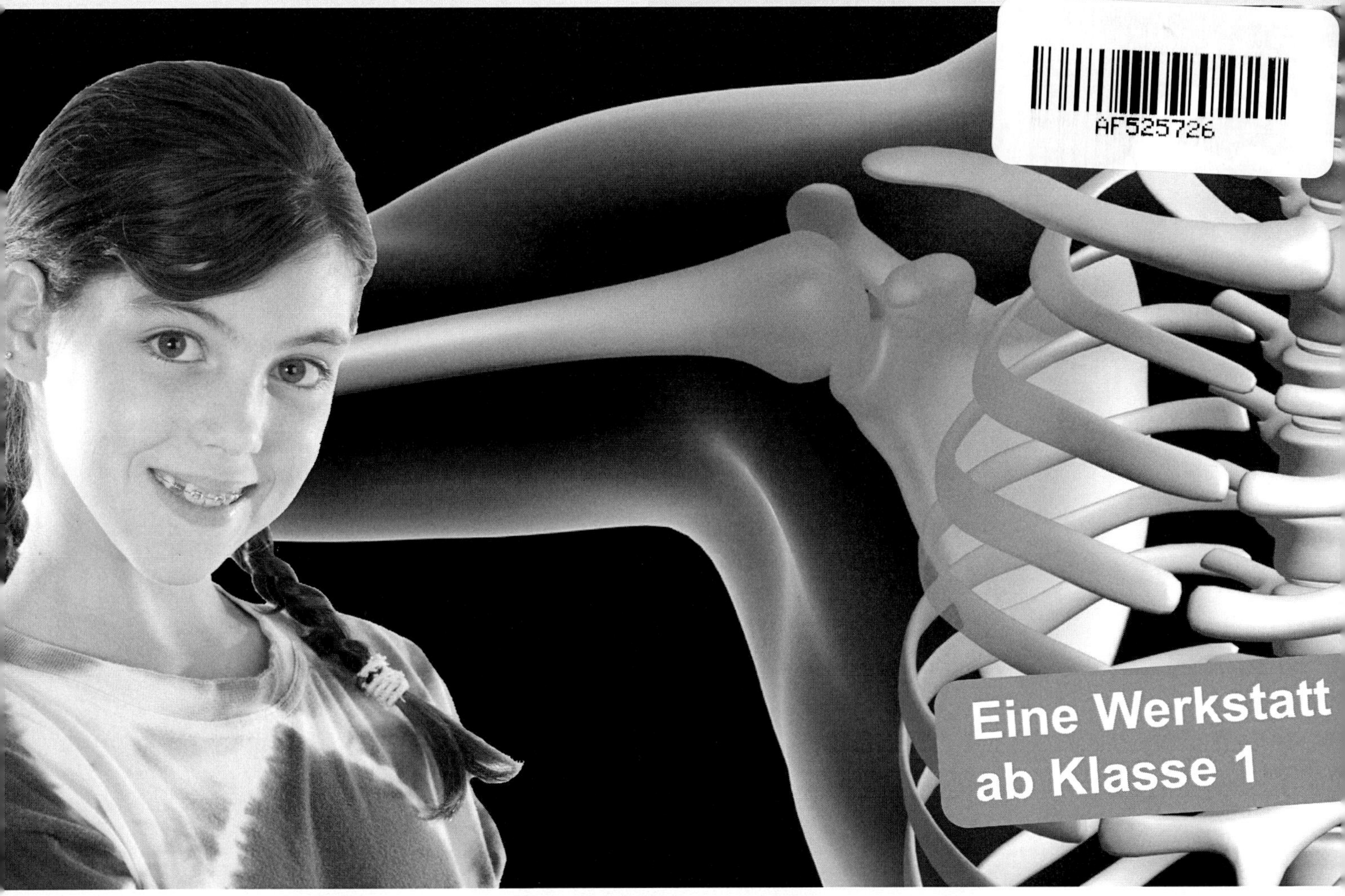

Eine Werkstatt ab Klasse 1

Erforsche... den menschlichen Körper

Knochen, Organe, Blutkreislauf, Atmungsorgane, Nieren, Gehirn, Sinne, Geschlechtsorgane ...

www.kohlverlag.de

Erforsche ... den menschlichen Körper

Eine Werkstatt ab dem ersten Schuljahr

7. Auflage 2024

Inhalt: Gabriela Rosenwald
Coverbild: © maya2008 - fotolia.com
Redaktion: Kohl-Verlag
Grafik & Satz: Kohl-Verlag
Druck: farbo prepress GmbH, Köln

Bestell-Nr. 11 579

ISBN: 978-3-95686-556-5

Inhalt

Diese Kopiervorlagen sind bei mündlich-praktischem Unterricht als Ideen- und Anregungsvorlage für die Klasse 1 geeignet.

Erforsche ... den menschlichen Körper – Bestell-Nr. 11 579
KOHL VERLAG

Inhalt

Vorwort

Kinder haben eine natürliche Neugier. Es ist wichtig, diese Neugier schon in jungen Jahren zu unterstützen. Je mehr Interesse früh geweckt wird, desto mehr werden unsere Kinder später lernen und entdecken. Für Kinder ist es faszinierend, den eigenen Körper kennenzulernen, seine Fähigkeiten und Funktionen zu entdecken. In diesem Heft lernen die Schüler*, wie ihr Organismus funktioniert. Sie lernen das Skelett, die wichtigsten Organe und ihre verschiedenen Sinne sowie ihr Zusammenwirken kennen.

Gerade aber in den ersten Schuljahren ist es oft schwierig, jungen Schülern, die noch nicht über eine große Lesekompetenz verfügen, Sachverhalte entsprechend nahezubringen.

So werden in diesem Heft mit vielen Zeichnungen und Versuchen die spannenden Vorgänge in unserem Körper dargestellt. Auch auf spielerische Weise können sich Schüler der unteren Klassenstufen dem Thema annähern. Zudem können einige Aufgaben sowohl schriftlich als auch durch Schneiden und Kleben bearbeitet werden. Trotzdem ist da auch die eine oder andere wissenschaftliche bzw. halbwissenschaftliche Erklärung nötig.

Dabei hängt es natürlich immer von den Schülerinnen und Schülern selbst ab, welches Arbeitsblatt für sie geeignet ist. Das können Sie am besten beurteilen und die Blätter entsprechend einsetzen. Daher ist die Einteilung im Inhaltsverzeichnis nur als Einschätzung zu sehen, unterliegt aber immer Ihrer Auswahl je nach Beurteilung Ihrer Schüler. Die Empfehlungen im Inhaltsverzeichnis richten sich in erster Linie nach dem schriftlichen Einsatz. Viele Ideen, Versuche und Aufgaben lassen sich jedoch auch schon im ersten Schuljahr in einem mündlich-praktischen Unterricht einsetzen. So müssen die Kinder noch nicht ausreichend lesen können, profitieren aber dennoch beim Erforschen einzelner Themen, Aufgaben und Ideen von den restlichen Vorlagen.

Viel Freude und Erfolg mit diesem spannenden Thema wünschen Ihnen der Kohl-Verlag und

Gabriela Rosenwald

*Mit Schülern bzw. Lehrern sind im ganzen Band selbstverständlich auch die Schülerinnen und Lehrerinnen gemeint.

Bedeutung der Symbole:

Einzelarbeit

Partnerarbeit

Arbeiten in kleinen Gruppen

Arbeiten mit der ganzen Gruppe

Arbeitspass

Name: ________________________ Klasse: ____________

Seite	Thema	angefangen	beendet	kontrolliert

1 Mein Körper

Wie heißt was?

EA **Aufgabe 1:** *Setze richtig ein. Dazu kannst du die Begriffe entweder abschreiben oder ausschneiden und an die passende Stelle kleben.*

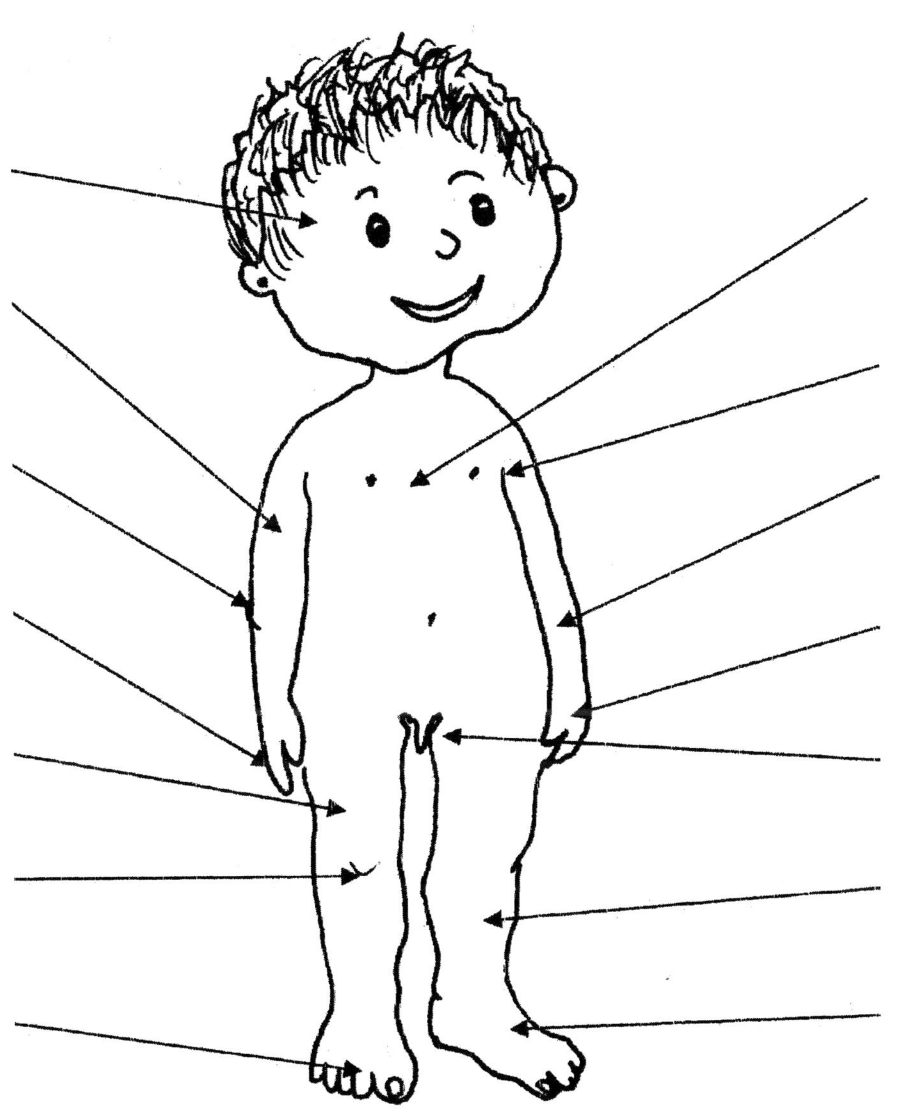

Setze die Wörter passend ein!

Oberarm	Knie	Hand	Fuß
Ellenbogen	Unterschenkel	Zehen	Kopf
Brust	Finger	Oberschenkel	Penis und Hoden
Unterarm	Achsel		

KOHL VERLAG Erforsche ... den menschlichen Körper – Bestell-Nr. 11 579

Wie heißt was?

Aufgabe 2: *Setze richtig ein. Dazu kannst du die Begriffe entweder abschreiben oder ausschneiden und an die passende Stelle kleben.*

Setze die Wörter passend ein!

Mund	Schulter	Bauch	Knöchel
Oberarm	Unterschenkel	Zehen	Nase
Hals	Knie	Oberschenkel	Scheide
Unterarm	Auge		

Körperteile verbinden

Aufgabe 3: *Verbinde die Körperteile mit den passenden Bildern.*

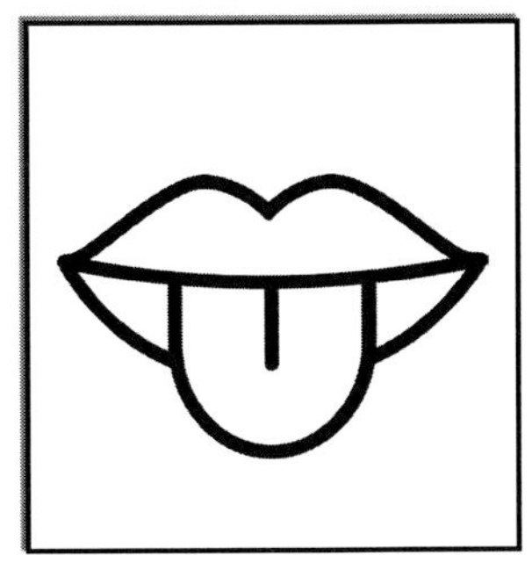

Zahn

Auge

Ohr

Nase

Knochen

Zunge

Hand

Mund

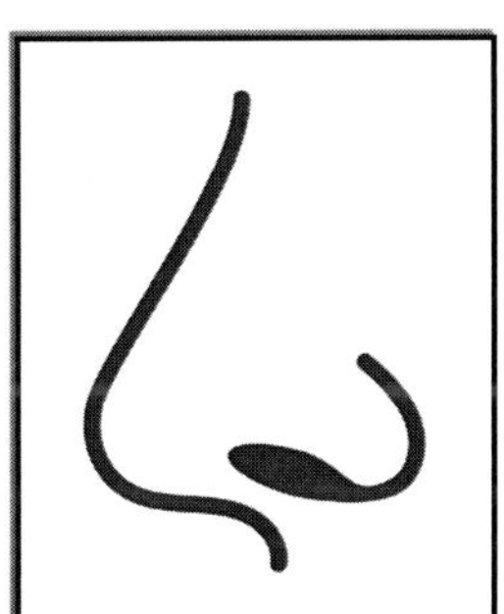

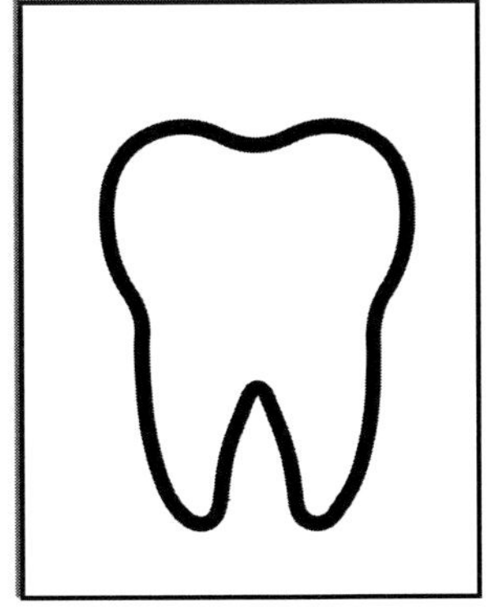

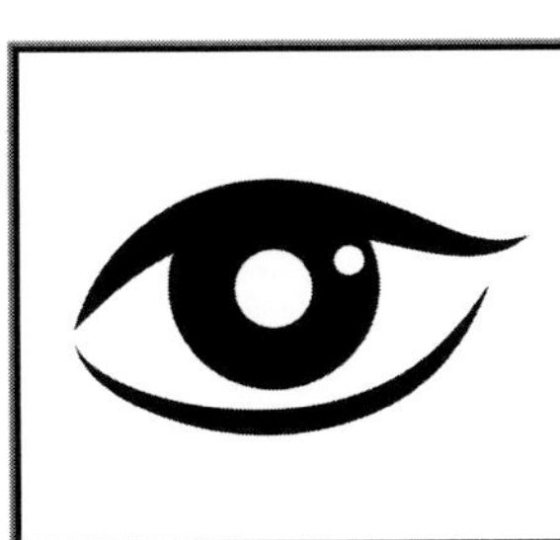

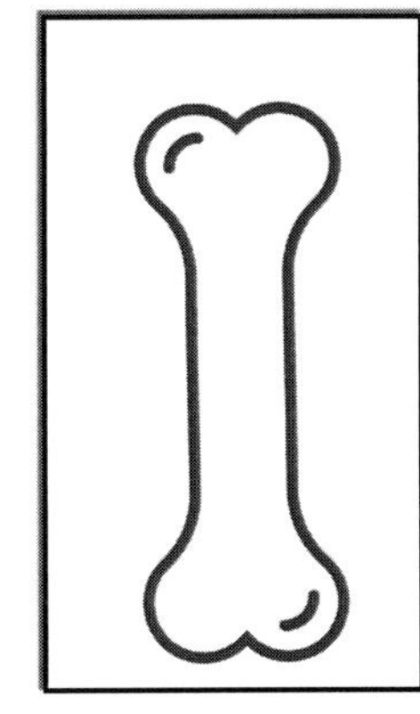

KOHL VERLAG Lernen mit Erfolg Erforsche ... den menschlichen Körper – Bestell-Nr. 11 579

Den eigenen Körper aufzeichnen

Aufgabe 4: *Malt eine Zeichnung vom Körper eines Kindes und beschriftet diese Zeichnung.*

Ihr braucht:

- ein großes Stück Packpapier oder Tapete (Rückseite)
- einen dicken, dunklen Filzstift
- einen feineren Filzstift zum Beschriften des Bildes

So geht es:

- breitet das Papier auf dem Boden aus
- ein Kind legt sich darauf und breitet leicht die Arme aus
- einer umfährt nun mit dem dicken Stift die Umrisse des Kindes
- anschließend werden abwechselnd die einzelnen Köperteile beschriftet: Kopf, Ohren, Hals, Arm, Hand, Finger, Schulter, Brust, Bein, Knie, Fuß
- Zum Schluss bekommt die Zeichnung auch ein Gesicht: malt Augen, Augenbrauen, Nase und Mund auf. Nun könnt ihr euer Bild an einer freien Wand ankleben oder aufhängen!

Aufgabe 5: *Das bin ich – so sehe ich aus. Male ein Bild von dir.*

Von Kopf bis Fuß

EA

Aufgabe 6: *Ordne diese Körperteile von unten nach oben, wie sie an deinem Körper vorkommen. Du kannst sie entweder abschreiben oder ausschneiden und auf ein Blatt aufkleben. Beginne bei den Füßen.*

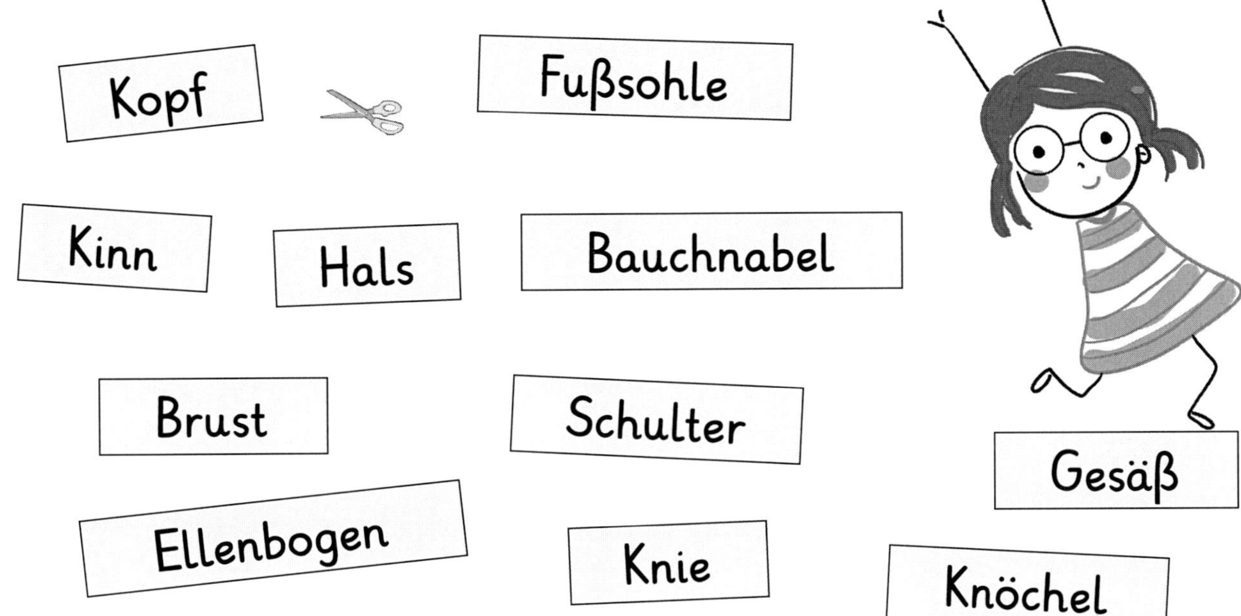

Deine Reihenfolge: ____

____

____

EA

Aufgabe 7: *Was passt nicht dazu? Streiche durch.*

a) Oberschenkel – Kinn – Knie – Knöchel – Fuß – Zehe

b) Schulter – Brust – Ohr – Gesäß – Rücken – Bauchnabel

c) Auge – Nase – Popo – Kinn – Schläfe – Augenbraue – Ohr

d) Ellenbogen – Hand – Fuß – Oberarm – Finger – Unterarm

Wenn du die Anfangsbuchstaben der „falschen" Wörter liest, erhältst du einen weiteren Körperteil.

Name des weiteren Körperteils:  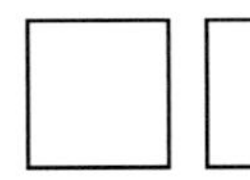 

Memo-Spiel

Nase	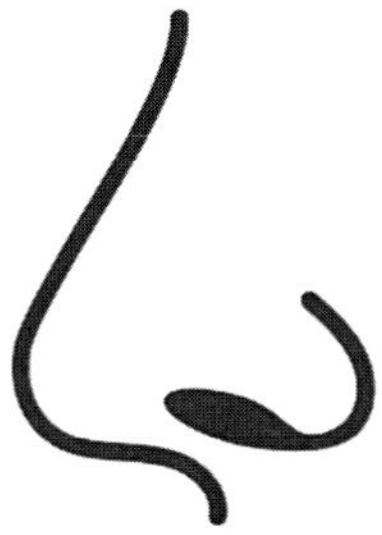	Augen	
Mund		Magen	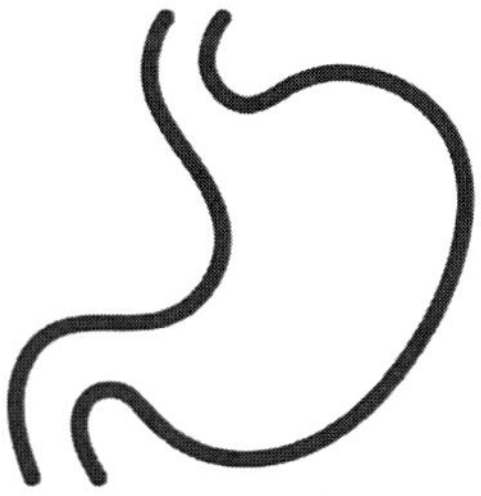
Hand		Wirbelsäule	
Zahn	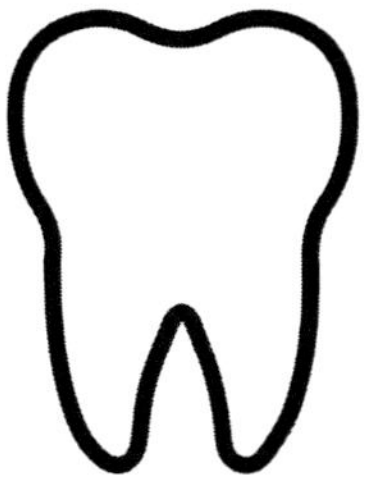	Darm	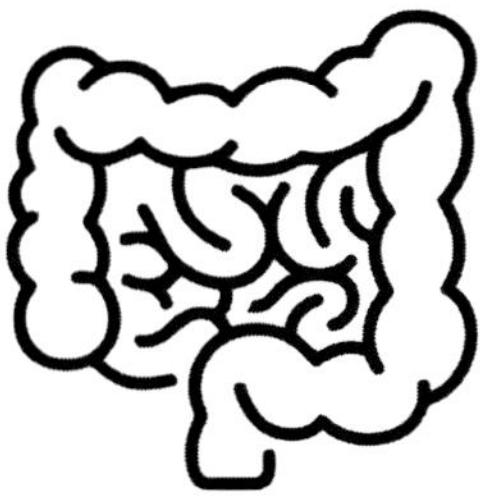
Zunge	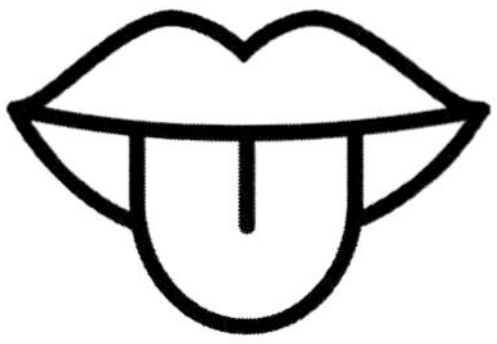	Nieren	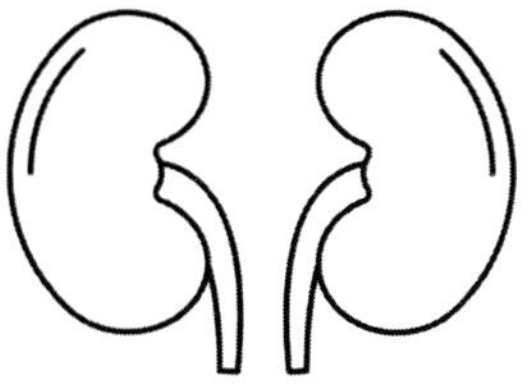

Das kann ich mit meinem Körper machen

Aufgabe 8: *Welche Geräusche könnt ihr mit eurem Körper machen? Benutzt zum Beispiel:*

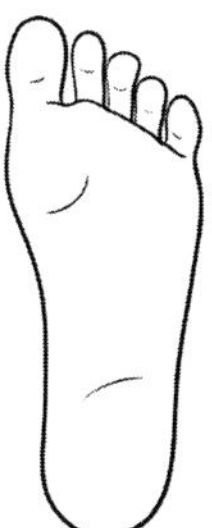

Aufgabe 9: *Schreibt oder malt in den Kasten, mit welchen Körperteilen ihr Geräusche macht.*

KOHL VERLAG Erforsche ... den menschlichen Körper – Bestell-Nr. 11 579

Fingerabdrücke

Jeder Mensch auf der ganzen Welt hat seinen einzigartigen Fingerabdruck.
Es gibt verschiedene Formen:

Bogen

Schleife

Wirbel

Mischform

1. Bögen: Die Linien in der Mitte sehen aus wie Brückenbögen.
2. Schleifen: Die Linien in der Mitte sehen aus wie gebogene Haarnadeln. Dieses Muster kommt am häufigsten vor.
3. Wirbel: Eine oder mehrere Linien bilden in der Mitte ein Oval oder eine Spirale. Ein Muster, das wie zwei ineinander verschlungene Schleifen aussieht, gehört auch zu den Wirbeln.
4. Mischform: Wenn du keines dieser Muster findest, haben die Abdrücke eine der seltenen Mischformen.

Aufgabe 4: *Zeichne einige Linien in den Bildern nach.*

Versuch: Ihr braucht:

- Fingerfarben
- ein großes Blatt weißes Papier oder Pappe
- einige Blätter Küchenrolle
- eine Lupe

So geht es:

- Taucht euren rechten Zeigefinger vorsichtig in die Farbe.
- Tupft zu viel Farbe mit der Küchenrolle ab.
- Drückt den Finger vorsichtig auf das Papier.

Vergleicht:
a) *Welche Formen sind am häufigsten?*
b) *Findet ihr gleiche Finderabdrücke?*

2 Unsere Knochen

Das Skelett

Das Knochengerüst ist die Stütze unseres Körpers. Es hält den Körper aufrecht, ohne Knochengerüst würde er zusammenfallen wie ein Wackelpudding. Außerdem schützen die Knochen wichtige Organe: die Schädelknochen schützen das Gehirn, die Rippen das Herz und die Lungen.

Jeder Knochen hat eine besondere Größe und eine besondere Form. Dies ist wichtig, weil jeder Knochen eine bestimmte Aufgabe erfüllen muss. Erwachsene Menschen haben ungefähr 206 Knochen. Die genaue Zahl lässt sich deshalb nicht genau sagen, weil manche Knochen im Laufe des Lebens zusammenwachsen können.

Wir teilen unsern Körper ein in:

- Kopf
- Rumpf (Leib – Rippen, Wirbelsäule, Becken)
- Schulter, Arm und Hand (obere Gliedmaßen)
- Hüfte, Bein und Fuß (untere Gliedmaßen)

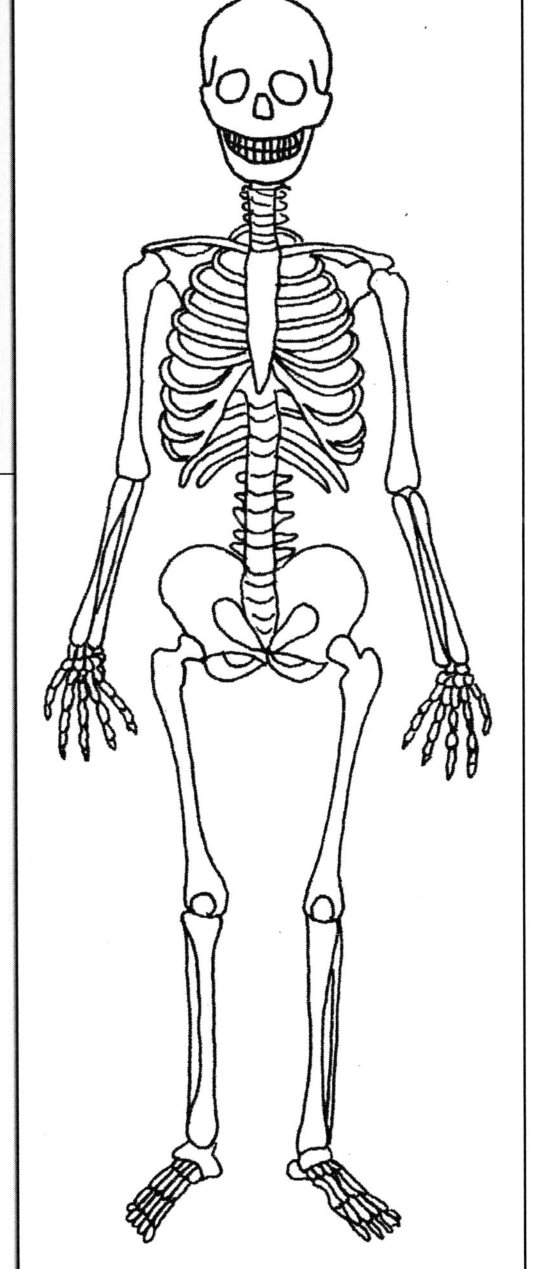

So sieht der Mensch aus, wenn die Knochen nicht mit Muskeln und Haut bedeckt sind

EA

Aufgabe 1: *Male die verschiedenen Teile bunt an:*

Kopf ⇨ rot
Leib ⇨ blau
obere Extremitäten ⇨ gelb
untere Extremitäten ⇨ grün

EA

Aufgabe 2: *Welche beiden wichtigen Aufgaben hat das Knochengerüst? Erkläre mit deinen Worten.*

____

____

____

____

Erforsche ... den menschlichen Körper – Bestell-Nr. 11 579

Anleitung Skelett basteln

PA

Aufgabe 3: *Wir basteln ein Skelett.*

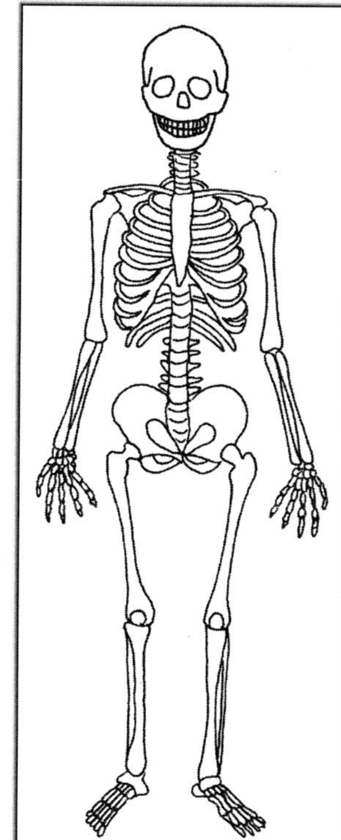

A. Ein Skelett für jeden

Ihr braucht:
- die beiden Kopiervorlagen Seite 13 + 14
- ein DIN-A3-Blatt (Zeichenblock)
- Schere, Kleber, Stift zum Beschriften

So geht es:
- Die Teile werden ausgeschnitten.
- Auf dem Blatt wird das Skelett zusammengesetzt und aufgeklebt.
- Anschließend wird das Knochengerüst beschriftet.

B. Ein bewegliches Skelett für die Klasse

Ihr braucht:
- eine große Pappe
- die Vorlagen vergrößert kopiert *(Man kann auch zeichnen!)*
- Schere, Kleber, Musterbeutelklammern

So geht es:
- Vorlagen auf die große Pappe übertragen, ausschneiden.
- Das Becken an den Rumpf kleben.
- An den vorgegebenen Stellen Löcher stanzen (Schere oder dicke Nadel).
- Die Knochenteile mit den Musterbeutelklammern verbinden.
- Die Kärtchen unten ausschneiden und auf die entsprechenden Teile kleben.

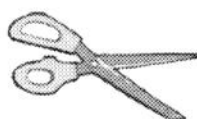

Kopf	Halswirbelsäule	Oberarm
Unterarm	Elle	Speiche
Hand	Finger	Schlüsselbein
Brustbein	Rippen	Kreuzbein, Steißbein
Becken	Oberschenkel	Unterschenkel
Schienbein	Wadenbein	Fuß
Zehen	Lendenwirbelsäule	Schulterblatt

Skelett basteln

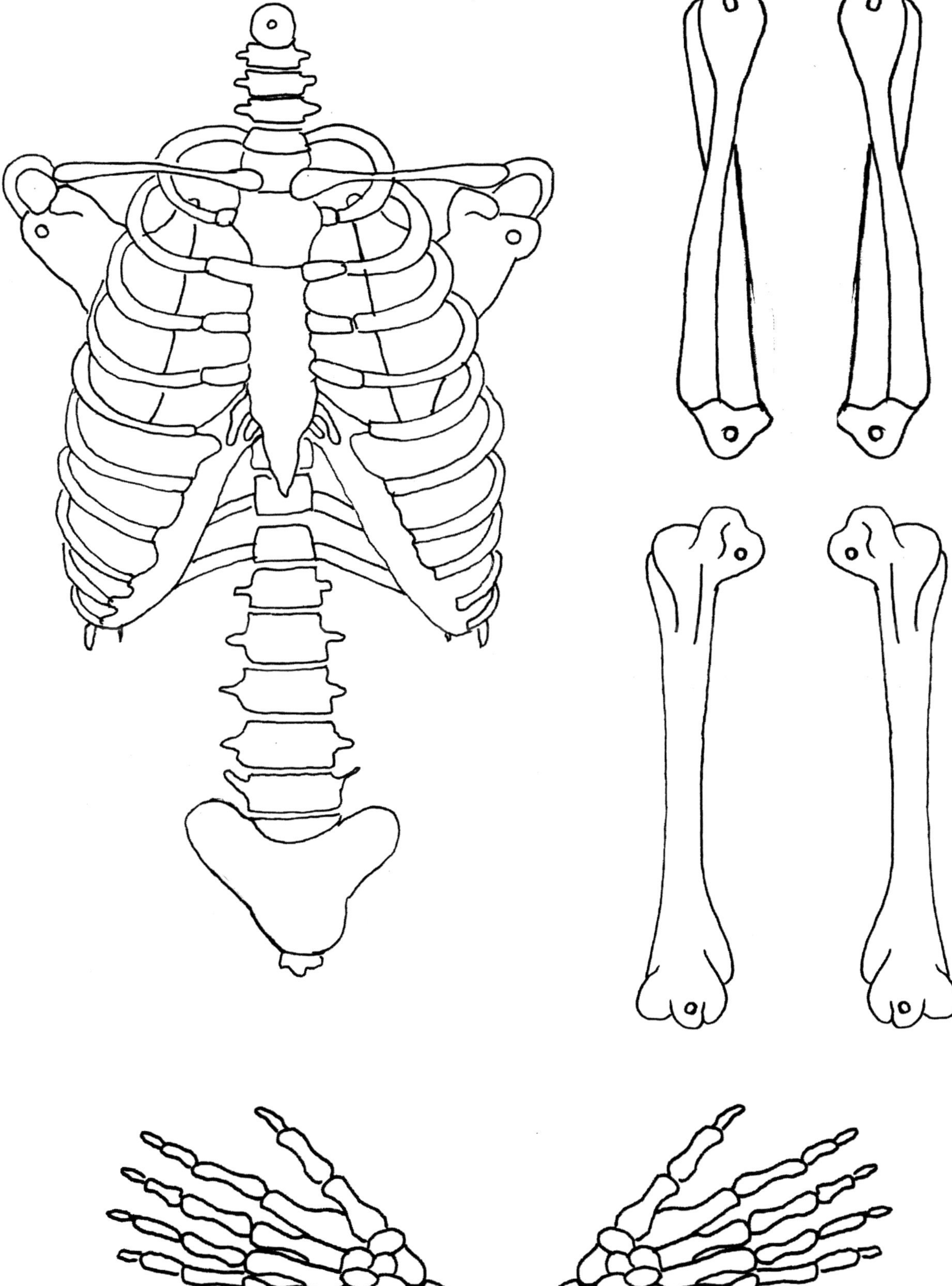

KOHL VERLAG Erforsche ... den menschlichen Körper – Bestell-Nr. 11 579

Skelett basteln

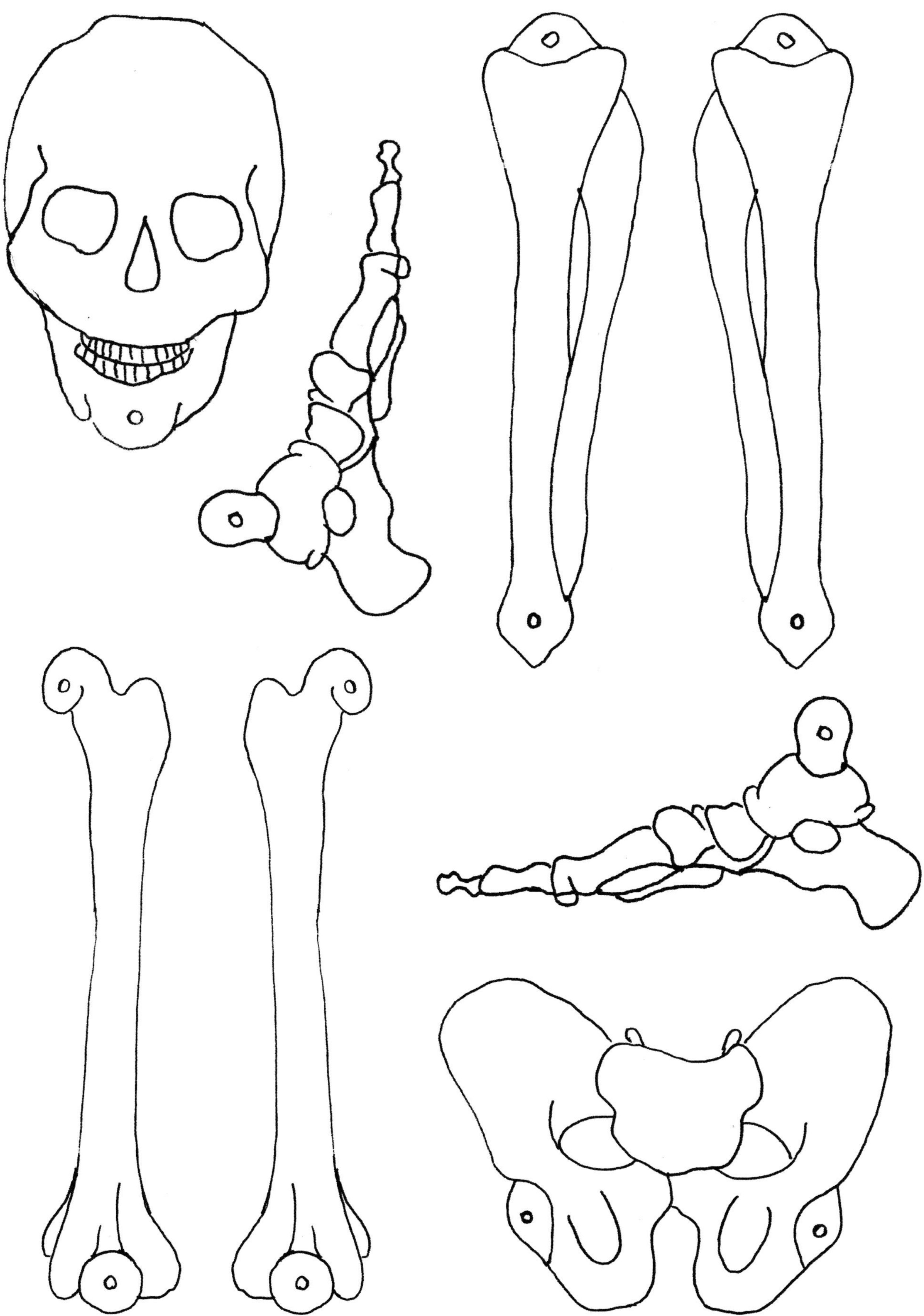

Die Wirbelsäule

Die Wirbelsäule ist die Stütze unseres Skeletts. Sie hält Kopf und Rumpf aufrecht und sorgt dafür, dass du aufrecht gehen kannst. Sie ermöglicht dem Körper auch, dass er sich drehen und beugen kann.

Von oben nach unten wird die Wirbelsäule in 5 Abschnitte unterteilt: Jeder einzelne Abschnitt setzt sich aus einzelnen Wirbeln zusammen:

- Halswirbelsäule (7 Halswirbel)
- Brustwirbelsäule (12 Brustwirbel)
- Lendenwirbelsäule (5 Lendenwirbel)
- Kreuzbein (5 Wirbel, miteinander verwachsen)
- Steißbein (5 Wirbel, miteinander verwachsen)

Zählt man alle Wirbel zusammen, so sind das 34 Wirbel. Die Kreuzbein- und die Steißbeinwirbel sind miteinander verwachsen. Deshalb sagt man auch oft, dass die Wirbelsäule sich aus 24 freien Wirbeln (den Wirbeln der Hals-, Brust- und Lendenwirbelsäule) und dem Kreuzbein und dem Steißbein zusammensetzt. Zwischen den Wirbeln liegen die Bandscheiben, Knorpelkörper, die die Wirbelsäule beweglich machen.

Aufgabe 4: *Zeichne die verschiedenen Wirbel bunt ein.*

Halswirbel ⇨ rot
Brustwirbel ⇨ grün
Lendenwirbel ⇨ gelb
Kreuzbein und Steißbein ⇨ blau

Aufgabe 5: *Die Wirbelsäule ist leicht gebogen. Welchen Vorteil hat das? Was wäre, wenn sie steif wie ein Stock wäre?*

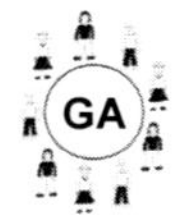

Aufgabe 6: *Überlegt gemeinsam, für welche Bewegungen ihr eure Wirbelsäule braucht. Ihr könnt es notieren oder aufmalen.*

Arme und Beine – unsere Gliedmaßen

Zum Bein gehören folgende Knochen:
Oberschenkel, Unterschenkel (Schienbein, Wadenbein), Knöchel, Fuß, Zehen

Zum Arm gehören:
Oberarm, Unterarm (Elle, Speiche), Hand, Finger

Auf keinen Knochen können wir wirklich verzichten, denn jeder einzelne Knochen erfüllt eine wichtige Funktion.

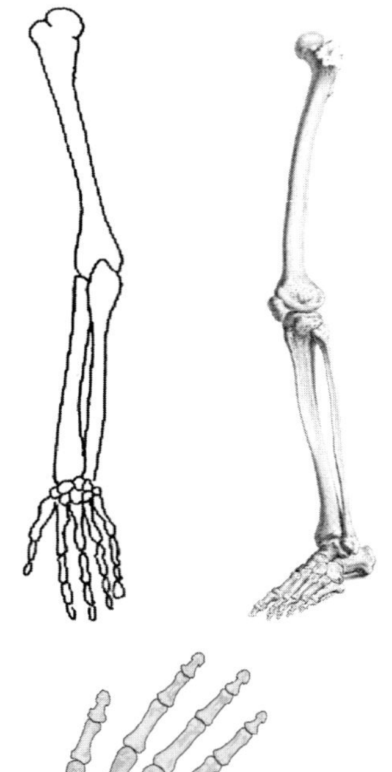

EA

Aufgabe 7: *Wie viele Knochen kannst du an deiner Hand ertasten? Zähle nach, wie viele Knochen eine Hand hat.*

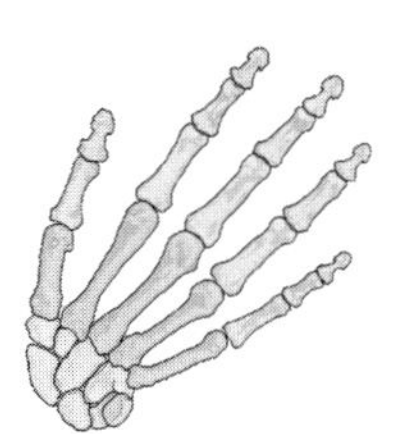

EA

Aufgabe 8: *Was glaubst du? Welcher ist dein größter und welcher ist dein kleinster Knochen? Frage deine Eltern, Freunde oder schau in Büchern oder im Internet nach.*

Größter Knochen: ______________________

Kleinster Knochen: ______________________

EA

Versuch: *Welche Knochen an deiner Hand sind wohl besonders wichtig? Wir testen das mal aus:*

Du brauchst:
- eine Schere
- einen Streifen Heftpflaster

So geht es:
1. Schreibe auf, was du mit deiner Hand alles machen kannst.
2. Klebe für kurze Zeit den Daumen deiner Schreibhand mit einem Pflaster an der Hand fest. Versuche nun das zu tun, was du aufgeschrieben hast. Was stellst du fest?

3 Ich kann meinen Körper bewegen

Die Gelenke

Nur mit den Knochen alleine könnten wir uns nicht bewegen. Die einzelnen Knochen müssen auch irgendwie zusammenhalten. Hättest du nur einen Knochen, wärst du steif wie ein Holzstock! Da du aber viele kleine Knochen hast, die miteinander verbunden sind, kannst du gehen, springen und mit den Ohren wackeln. Das geschieht mit Hilfe von Bändern, die die Knochen verbinden und mit Hilfe der Muskeln, die mit Bändern und Sehnen an den Muskeln befestigt sind.

Die zwei wichtigsten Gelenkarten in deinem Körper sind das Kugelgelenk und das Scharniergelenk. Das Kugelgelenk kannst du in fast alle Richtungen bewegen. Schulter und Hüfte sind Kugelgelenke. Das Scharniergelenk kannst du nur vor oder zurück bewegen. Scharniergelenke hast du am Ellbogen und am Knie.

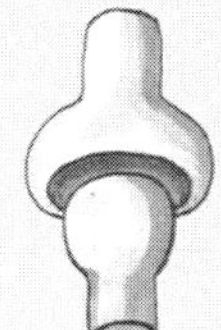

Kugelgelenk

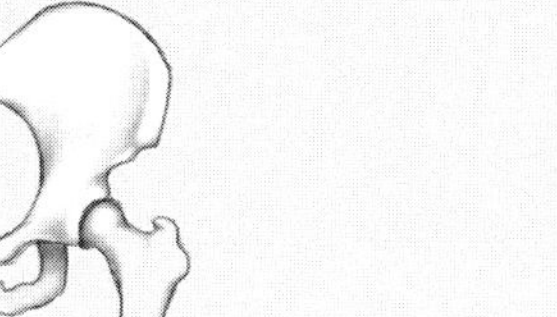

Scharniergelenk

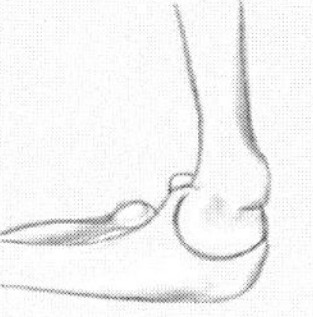

EA

Versuch: *Du brauchst eine leere Saft- oder Milchpackung, gereinigt und getrocknet.*

So geht es:

- Entferne Boden und Oberteil des Kartons.
- Stülpe den Milchkarton über deinen Ellenbogen.
- Versuche gewohnte Dinge zu tun, z. B. Schuhe anziehen, schreiben, malen, essen.
- Was stellst du fest?

EA

Aufgabe 1: *Kreise die Gelenke des Jungen ein. Schreibe die richtigen Bezeichnungen an die Gelenke!*

Ellenbogengelenk
Handgelenk
Hüftgelenk
Kniegelenk
Schultergelenk
Fußgelenk

KOHL VERLAG Erforsche ... den menschlichen Körper – Bestell-Nr. 11 579

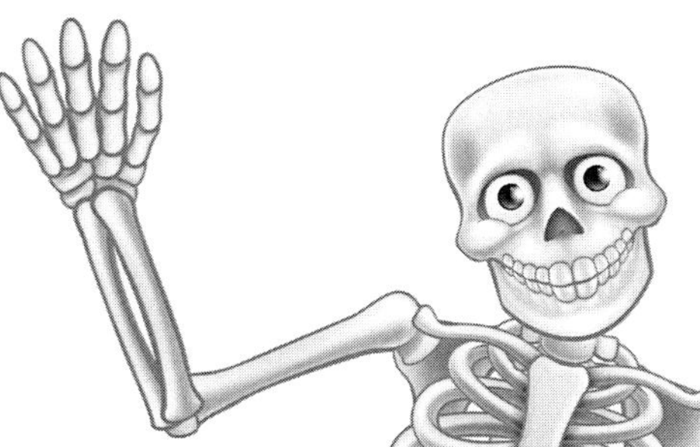

Muskeln, Sehnen und Bänder

Nicht nur in den Beinen, Armen oder in der Brust sind Muskeln, ja auch das Herz und der Magen bestehen aus Muskelgewebe. Egal ob groß oder klein, dick oder dünn, jeder Mensch hat über 600 Muskeln. Ohne Muskeln wäre unser Skelett nichts anderes als ein Haufen Knochen.

Muskeln, Sehnen und Bänder halten die Knochen zusammen und bewegen sie. Sie sind an den Knochen fest und ziehen sie, damit wir laufen, springen oder malen können. Alle unsere Bewegungen, vom kleinsten Augenzwinkern bis zum Riesensprung, werden erst durch das Zusammenspiel der Muskeln ermöglicht. Muskeln bestehen aus einzelnen Fasern, die sich zusammenziehen können. Unser stärkster Muskel ist der Kaumuskel.

Es gibt Muskeln, die wir steuern können, aber auch welche, die ohne unser Zutun arbeiten, wie z. B. das Herz und der Magen.

EA **Aufgabe 3:** *Trage folgende Begriffe richtig in den Text ein.*

Muskeln – Knochen – Gelenke

Fast alle Knochen deines Körpers sind durch ____________________ miteinander verbunden. Damit wir unsere Körperteile drehen, beugen und strecken können, sind ____________________ zur Bewegung an den ____________________ befestigt.

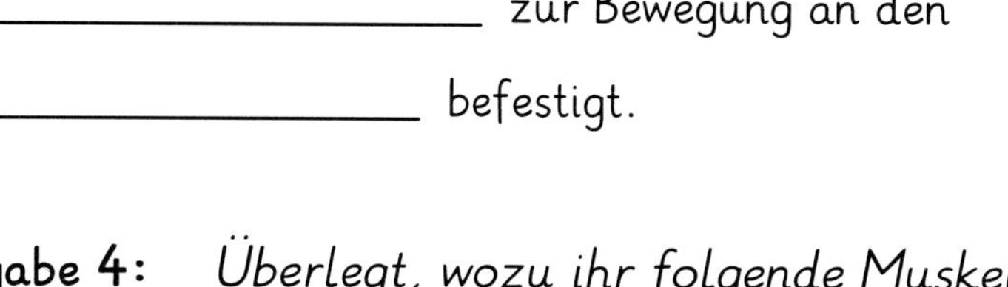

EA **Aufgabe 4:** *Überlegt, wozu ihr folgende Muskeln benötigt. Malt zu jeder Muskelgruppe ein Bild.*

Armmuskeln	Beinmuskeln	Bauchmuskeln

Ein Buchstabengitter

Aufgabe 5: *In diesem Buchstabengitter findest du 17 Teile, die du an Armen und Beinen findest. Markiere die Wörter und schreibe sie unten in die Tabelle (ß = SS).*

U	N	T	E	R	S	C	H	E	N	K	E	L	E	F
D	U	K	N	Ö	C	H	E	L	I	N	A	S	S	U
S	P	E	I	C	H	E	G	B	E	I	N	F	E	S
Z	G	E	R	N	I	A	R	M	Z	E	T	U	L	S
E	L	K	O	B	E	R	A	R	M	G	N	F	M	E
H	A	N	D	I	N	M	E	R	T	E	L	I	N	A
E	L	L	E	N	B	O	G	E	N	L	O	N	V	B
N	B	U	N	T	E	R	A	R	M	E	D	G	E	I
F	R	I	G	O	I	W	A	D	E	N	B	E	I	N
D	A	U	M	E	N	J	A	N	U	K	A	R	T	N
V	O	B	E	R	S	C	H	E	N	K	E	L	H	C

1	✎	10	
2		11	
3		12	
4		13	
5		14	
6		15	
7		16	
8		17	
9			

KOHL VERLAG Erforsche ... den menschlichen Körper – Bestell-Nr. 11 579

4 Unsere Organe

Der Leib – Rumpf

Im Rumpf, unserem Körper ohne die Gliedmaßen, liegen wichtige Organe. Das Wort „Organ" ist griechisch und bedeutet so viel wie „Werkzeug". Die Zusammenarbeit der Organe ermöglicht das Leben unseres Körpers.

Hier findest du Organe, die in unserem Körper liegen. Zu den Organen rechnet man aber auch die Haut, das Gehirn und unser Sinnesorgane.

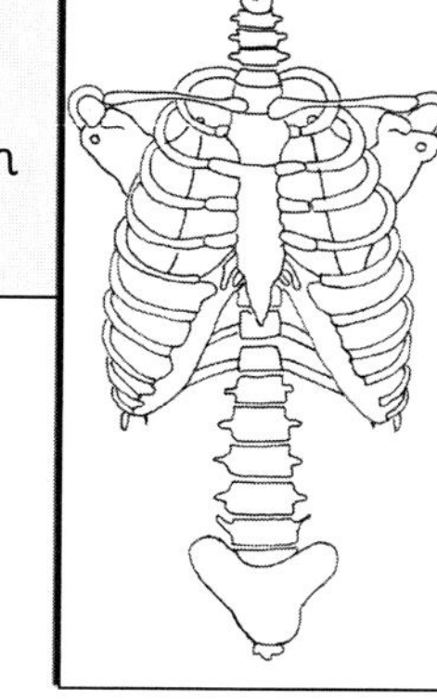

EA

Aufgabe 1: *Setze den richtigen Namen unter die Bilder. Du kannst sie entweder abschreiben oder ausschneiden und darunter kleben.*

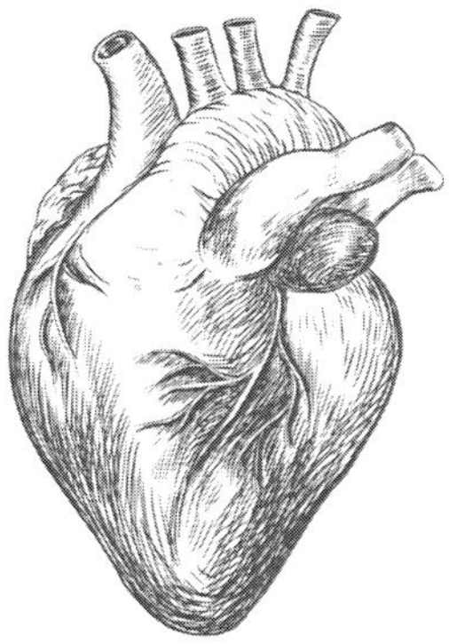

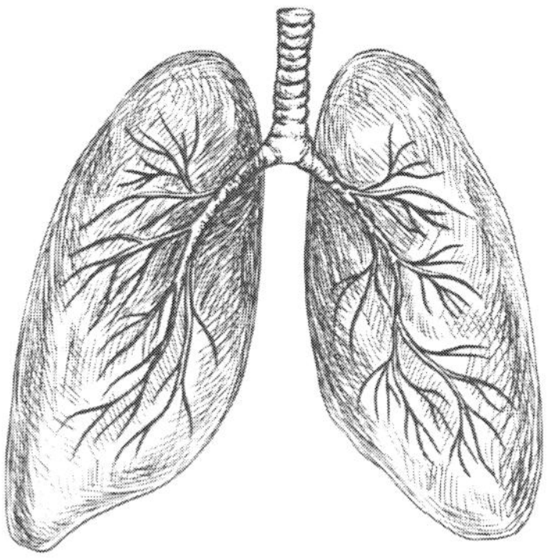

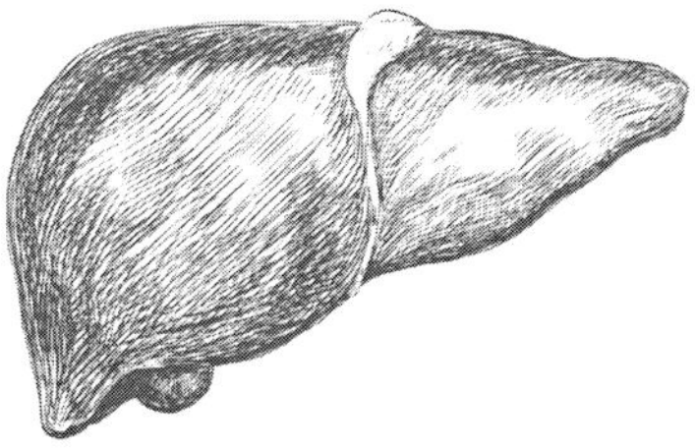

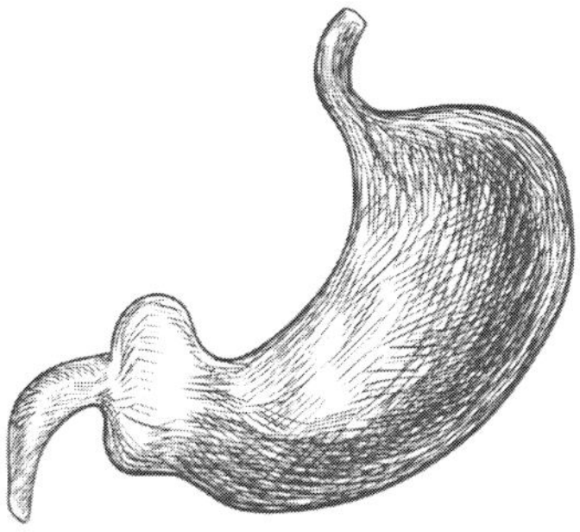

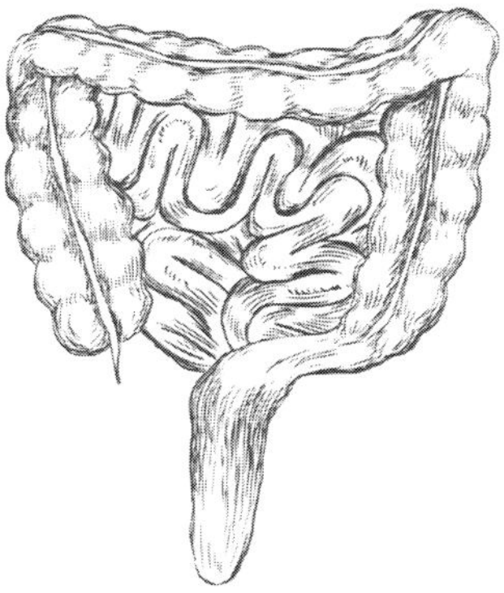

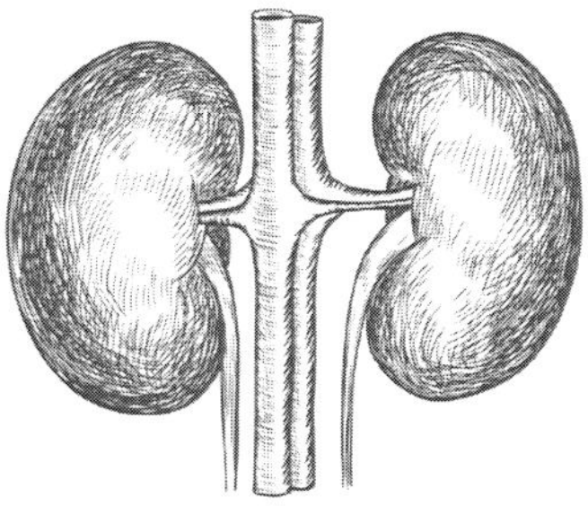

Lunge	Magen	Nieren
Leber	Darm	Herz

Ein Puzzle

PA

Aufgabe 2: *Schneidet die Organteile aus. Legt die Puzzleteile richtig zusammen. Klebt sie dann an die richtige Stelle im Körper. Vielleicht müsst ihr noch ein paar Eckchen abschneiden, damit alles passt.*

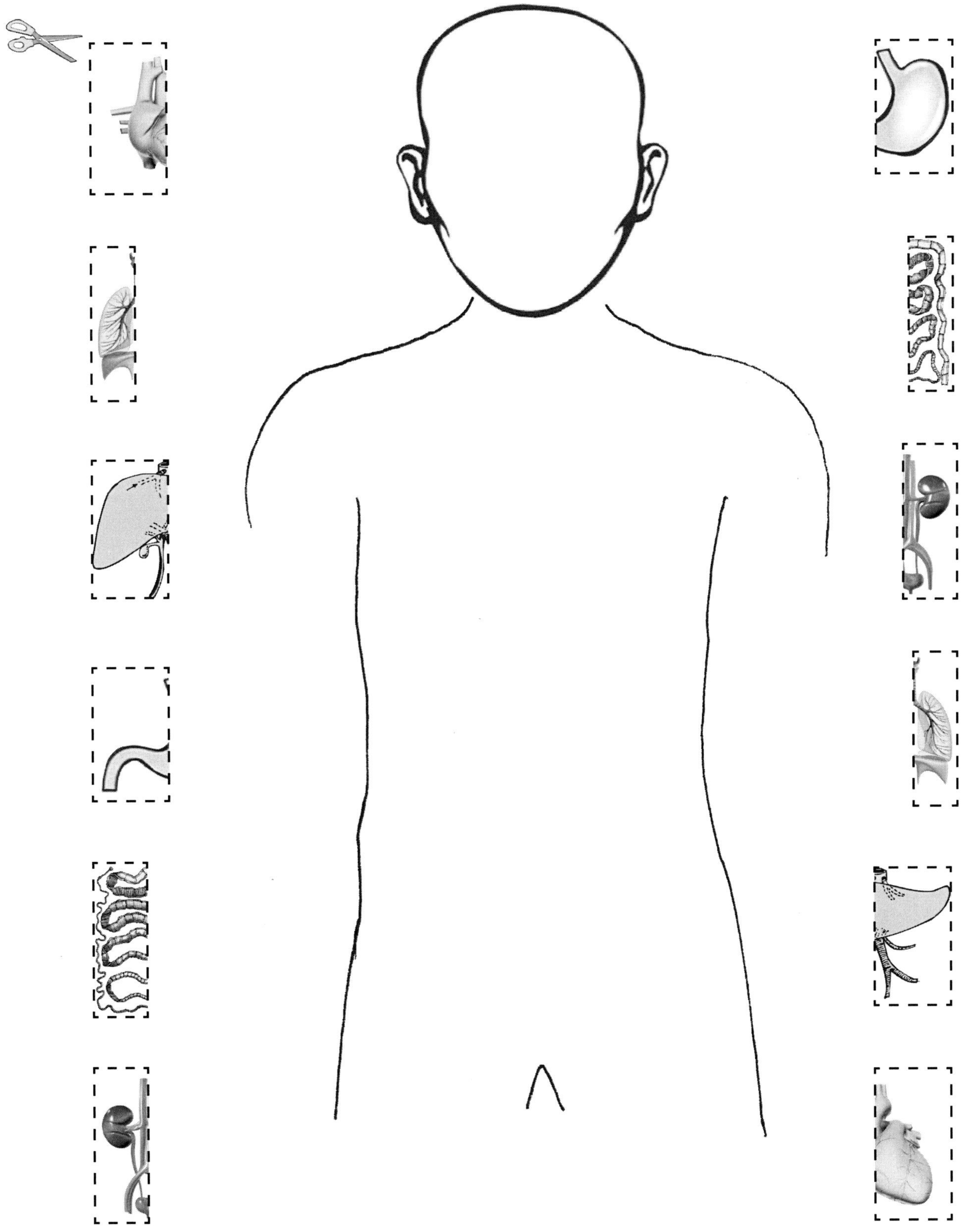

KOHL VERLAG Erforsche ... den menschlichen Körper – Bestell-Nr. 11 579

Das Herz

Unser Herz ist sozusagen unser Motor. Ein menschliches Herz ist etwa so groß wie eine Faust und wiegt ungefähr so viel wie drei Tafeln Schokolade. Es liegt hinter dem Brustbein im Brustkorb und pumpt das Blut durch die Blutgefäße (Venen und Arterien). So versorgt das Herz den ganzen Körper mit Sauerstoff und Nährstoffen.

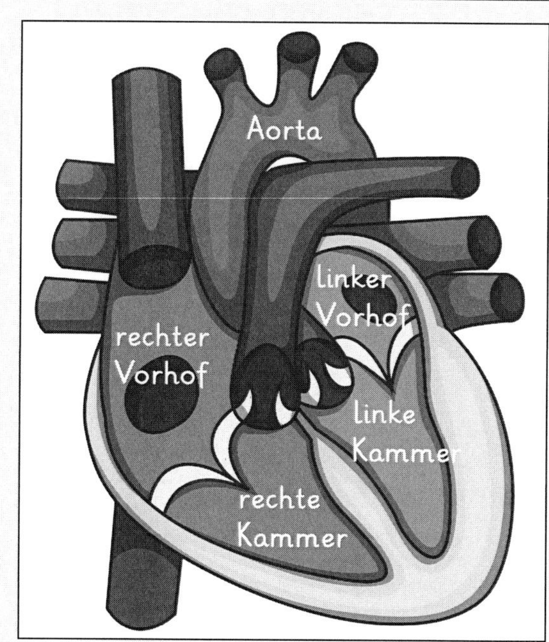

Das Herz wird in vier Abschnitte unterteilt: in einen rechten und linken Vorhof sowie eine rechte und linke Kammer. Rechte und linke Seite sind durch die Herzscheidewand voneinander getrennt.

Bei jedem Herzschlag wird das Blut zunächst von den Vorhöfen in die Kammern gepumpt. Anschließend gelangt es von der rechten Herzseite in die Lunge und von der linken Herzseite in den Körper. Das gesunde Herz schlägt in Ruhe etwa 50 bis 80-mal pro Minute.

Die linke Herzhälfte

Die linke Herzhälfte leitet sauerstoffreiches Blut in den Körper. Der Herzmuskel zieht sich dann zusammen und pumpt dabei das Blut in die Hauptarterien (die man die Blut-Autobahnen nennen könnte). Von diesen Autobahnen zweigen kleinere Straßen und Gassen (Gefäßnetz) ab, die jede einzelne Körperzelle versorgen, bis zu den Zehen und Fingerspitzen!

Die rechte Herzhälfte

Die rechte Herzhälfte bringt das sauerstoffarme Blut, nachdem es die Organe und Muskeln versorgt hat, in die Lungen. Dort wird es durch Atmen wieder frisch mit Sauerstoff versorgt.

EA

Aufgabe 3: *Finde die Wörter und setze sie richtig ein.*

Es ist ein ganz wichtiges O__________. Es pumpt das Blut durch unseren Körper. Von der re__________ Herzkammer fließt sauerstoffarmes Blut zu den L__________. Hier gibt das Blut Kohlendioxyd ab und nimmt Sauerstoff auf. Sauerstoffreiches Blut fließt dann zur li__________ Herzkammer.

Ich messe meinen Puls

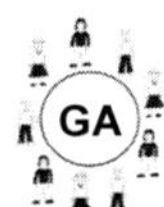

Aufgabe 4: *Das Herz ist also eine Pumpe. Bestimmt kennt ihr eine Luftpumpe, mit der ihr die Reifen eures Fahrrades aufpumpt. Schreibt eure Antworten in euer Heft.*

a) Was passiert, wenn ihr immer mehr Luft in den Reifen pumpt?

b) Warum kann das in unserm Körper nicht passieren?

Aufgabe 5: *Ihr fühlt euren Herzschlag am Handgelenk. Haltet zwei Finger auf die Innenseite des Handgelenks des anderen Arms (siehe Bild). Ihr spürt ein leises Klopfen. Das ist euer Herzschlag, der Puls. Mit einer Stoppuhr oder dem Sekundenzeiger einer Uhr zählt ihr nun abwechselnd eine Minute lang eure Herzschläge.*

Mein Puls in Ruhe beträgt ____________ Schläge in der Minute.

Wenn ihr euch anstrengt, schlägt das Herz schneller, weil die Muskeln mehr Sauerstoff brauchen. Hüpft zwei Minuten auf und ab. Dann messt (zählt) ihr euren Puls noch einmal.

Mein Puls nach Anstrengung beträgt ____________ Schläge in der Minute.

Aufgabe 6: *Setze richtig in das Kreuzworträtsel ein.*

1. Beim Einatmen tanken wir …
2. Er gelangt in die …
3. Das Herz arbeitet wie eine …
4. Unsere Körperflüssigkeit heißt …
5. Es fließt ständig in einem … durch unseren Körper.
6. Die … transportieren das Blut vom Herzen weg.
7. Die … transportieren es zum Herzen zurück.

KOHL VERLAG Erforsche … den menschlichen Körper – Bestell-Nr. 11 579

5 Der Blutkreislauf und unser Blut

Der Blutkreislauf

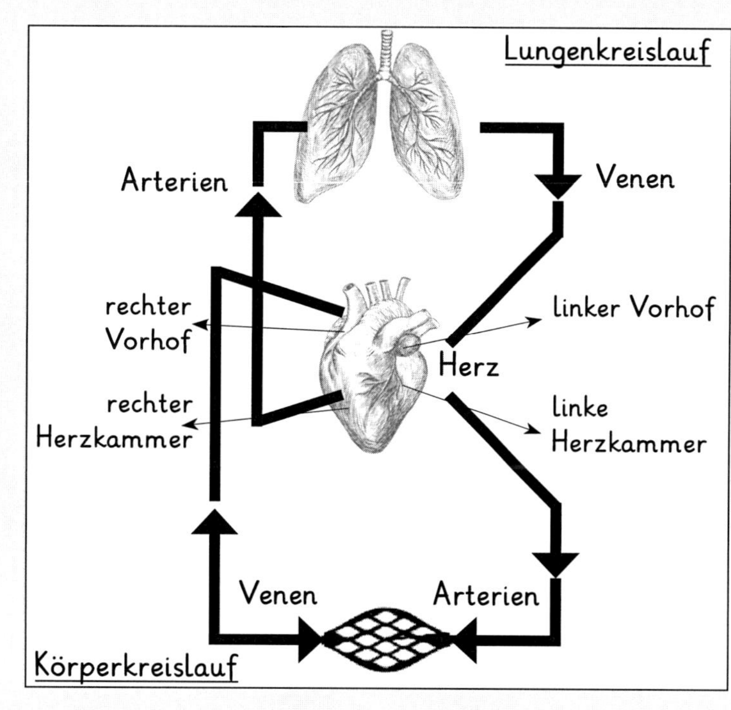

Der Mensch hat zwei Blutkreisläufe. Der kleinere, der **Lungenkreislauf**, transportiert das Blut vom Herzen zur Lunge. Dort nimmt es Sauerstoff auf. Nun gelangt das Blut zum Herzen zurück.

Von dort wird es in den ganzen Körper gepumpt. Das ist der größere, der **Körperkreislauf**.

In den ganz kleinen Blutgefäßen, den Kapillaren, findet ein Tausch statt. Die Zellen geben ihr verbrauchtes Gas, das Kohlenstoffdioxid, ab.

Dafür erhalten sie neuen Sauerstoff. Durch Venen gelangt das Blut wieder ins Herz und in den Lungenkreislauf.

Merke:

Arterien:

Arterien transportieren das Blut immer vom Herzen weg.

Venen:

Venen transportieren das Blut immer zum Herzen hin.

Kapillaren:

Die Kapillaren sind hauchdünn und mit bloßem Auge kaum zu erkennen. Durch ihre Wände können Sauerstoff und Kohlendioxid einfach ausgetauscht werden.

<u>Aufgabe 1</u>: *Zeichne den Lungenkreislauf oben blau, den Körperkreislauf rot ein.*

<u>Aufgabe 2</u>: *Beschreibe die Wege der beiden Blutkreisläufe.*

<u>Aufgabe 3</u>: *Erkläre, wofür wer zuständig ist:*

a) Arterien ______________________________

b) Venen ______________________________

c) Kapillaren ______________________________

Das Blut

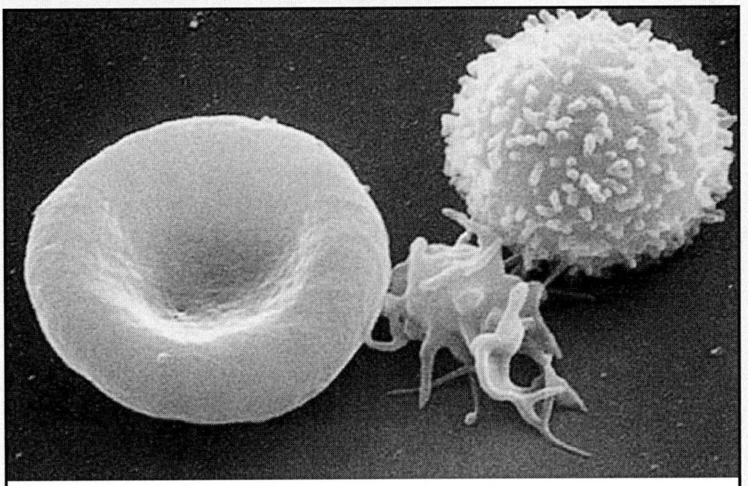

von rechts nach links:
rotes Blutkörperchen, Blutplättchen, weißes Blutkörperchen

Das Blut ist ständig in Bewegung. Es fließt in einem Kreislauf immer wieder durch unseren Körper. Das Herz pumpt das Blut in die Arterien. Von dort verteilt es sich im ganzen Körper. Dann fließt es durch die Venen zurück zum Herzen. Die roten Blutkörperchen transportieren den Sauerstoff. Sie färben das Blut rot.

Die Blutplättchen ermöglichen die Blutgerinnung. Damit werden Wunden verschlossen. Die weißen Blutkörperchen vernichten die Krankheitserreger im Körper. Unser Blut hilft auch, die Wärme in unserem Körper gleichmäßig zu halten.
Unser Blut besteht fast zur Hälfte aus den Blutzellen. Die andere Hälfte ist das Blutserum (auch Plasma genannt), eine wässrige Lösung mit Salzen und Eiweiß.
Pro Kilogramm Körpergewicht hat der Mensch etwa 80 ml (0,08 l) Blut. Wenn du also 30 kg wiegst, hast du etwa 2,4 l Blut in deinem Körper.

EA

<u>Aufgabe 4</u>: *Welche 4 Aufgaben hat das Blut in unserem Körper? Notiere.*

1. ______________________________
2. ______________________________
3. ______________________________
4. ______________________________

EA

<u>Aufgabe 5</u>: *Wer macht was? Erkläre, was rote Blutkörperchen, weiße Blutkörperchen und die Blutplättchen für Aufgaben haben. Schreibe in dein Heft.*

EA

<u>Aufgabe 6</u>: *Berechne, wie viel Blut du in deinem Körper hast.*

KOHL VERLAG
Erforsche ... den menschlichen Körper – Bestell-Nr. 11 579

6 Die Atmung und unsere Atmungsorgane

Ein Überblick

Nase

In der Nase wird die Luft befeuchtet, erwärmt und gereinigt.

Rachen

Der Rachen dient zum Essen und Trinken – und natürlich zum Atmen. Im Rachen treffen sich Luft- und Speiseröhre.

Die Luftröhre

Die Luftröhre ist etwa 12 cm lang. Sie ist Verbindung zwischen Rachen und Lunge. In der Lunge teilt sie sich in die zwei Hauptäste (Bronchien).

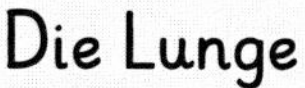

Die Lunge

Die Lunge liegt im Brustkorb. Sie wird von den Rippen geschützt. Die Bronchien teilen sich, wie bei einem Baum, in viele weitere Verästelungen. Der Brustkorb wird unten durch das Zwerchfell verschlossen. Die Lunge besteht aus einem rechten und einem linken Lungenflügel.

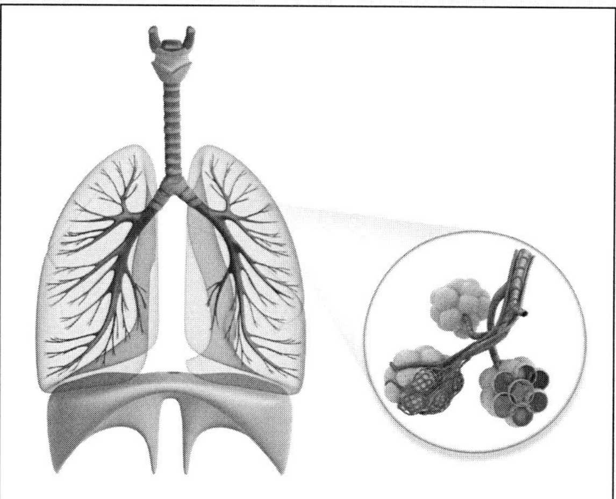

Zwerchfell

Das Zwerchfell trennt den Brustraum vom Bauchraum. Es hebt und senkt sich beim Luft holen und unterstützt so richtiges Atmen.

Wie funktioniert die Atmung?

Wir nehmen sauerstoffreiche Luft durch die Nase oder den Mund auf. Die kommt dann durch die Luftröhre in die Lunge. Die Lungenbläschen nehmen einerseits den Sauerstoff auf, geben aber auch die verbrauchte Luft (Kohlendioxid) ab. Das Blut transportiert den Sauerstoff durch deinen Körper und holt die „verbrauchte Luft" (Kohlendioxid) wieder zur Lunge zurück.
Bei jedem normalen Atemzug wird etwa ein halber Liter Luft aufgenommen, bei Anstrengung kann das sogar zehnmal so viel sein! Wenn du Sport treibst, trainierst du auch deine Lungen, weil die Muskeln mehr Sauerstoff benötigen. Damit der Sauerstoff schneller in Arme und Beine gelangt, schlägt auch dein Herz schneller!

Wer ist als erster fertig?

Ein Puzzle

EA

Aufgabe 1: *Schneide die Puzzleteile aus und klebe sie auf einem Blatt richtig zusammen.*

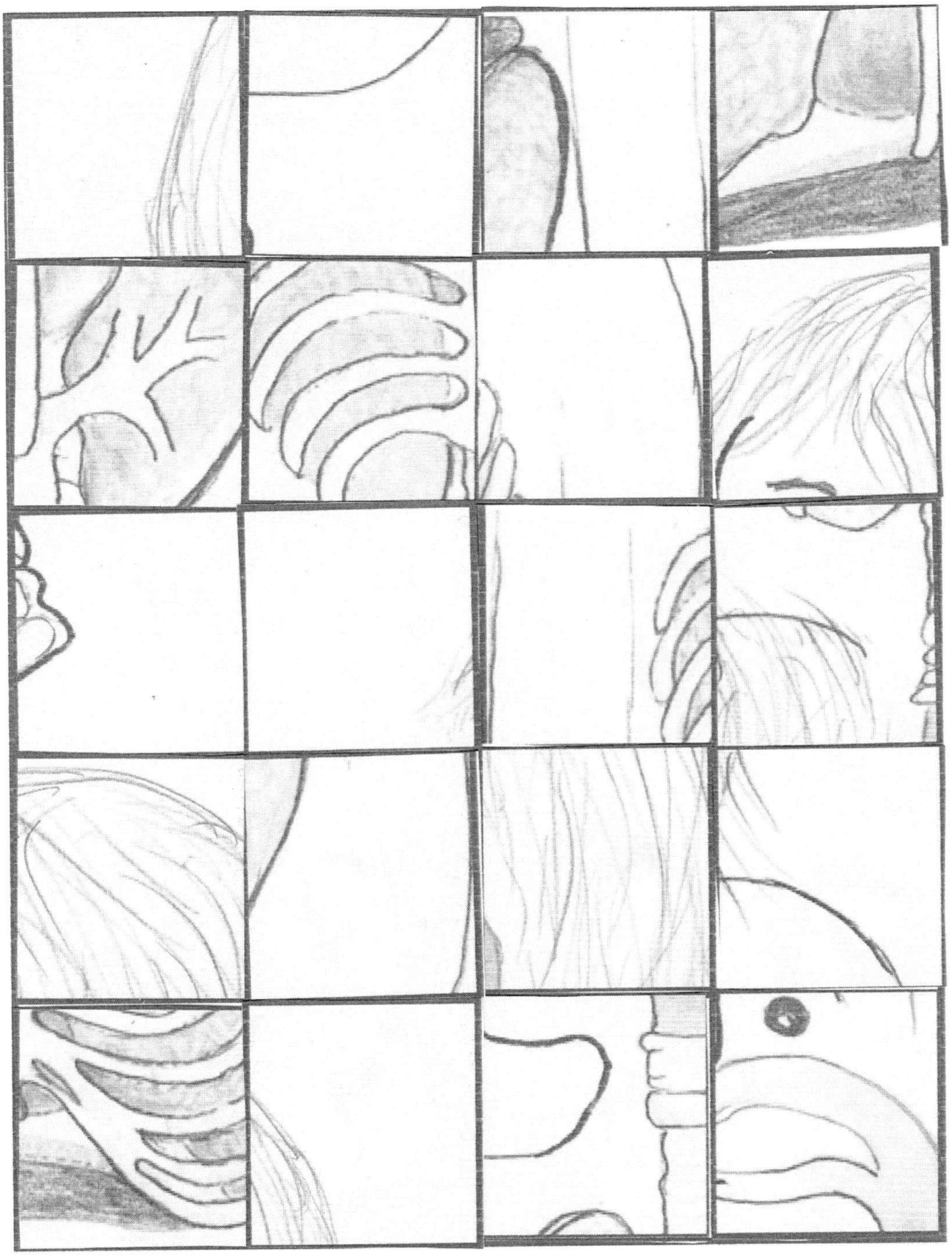

EA

Aufgabe 2: *Schneide die Namen der Atmungsorgane aus und klebe sie an die richtige Stelle in dem Bild.*

Zwerchfell	Lunge	Luftröhre	Rachen	Nase

Erforsche ... den menschlichen Körper – Bestell-Nr. 11 579

Wie funktioniert unsere Atmung? (I)

Versuch:

Wir atmen ganz unbewusst. Bedacht atmest du nur, sobald du die Luft anhältst oder tief durchatmest. Atmet einmal ganz tief ein. Haltet die Luft einen Moment an. Dann atmet ihr ganz fest aus. Was spürt ihr in eurem Körper?

EA **Aufgabe 3:** *Schau dir das Bild auf Seite 30 noch einmal genau an. Schreibe dann die richtigen Körperteile zu den Nummern hier.*

1		2		3	
4		5			

EA **Aufgabe 4:** *Zeichne den Weg der Luft von der Nase bis in die Lungenspitzen in dein fertiges Puzzle ein.*

EA **Aufgabe 5:** *Jonas erzählt Quatsch. Oder doch nicht? Schreibe alle Sätze richtig in dein Heft.*

Nase	trennt Brust- und Bauchraum
Rachen	verbrauchte Luft wird gegen frische getauscht und umgekehrt
Luftröhre	Luft kommt herein und heraus
Lunge	essen, trinken, atmen
Zwerchfell	einatmen, ausatmen, Luft reinigen und erwärmen

EA **Aufgabe 6:** *Setze die Begriffe richtig ein.*

Lungenbläschen
Mund
Sauerstoff
Nase
Bronchien
Lunge

Beim Einatmen strömt über ______________ und ______________ Luft in die ______________. Über die ______________ fließt sie weiter bis in die ______________. Dort wird der ______________ an das Blut abgegeben. Die verbrauchte Luft verlässt die Lungen und wird wieder ausgeatmet.

Wie funktioniert unsere Atmung? (II)

Aufgabe 7: *Finde die richtige Überschrift und schreibe sie in das Kästchen.*

Die Luftröhre – Die Lunge – Die Nase – Das Zwerchfell – Der Brustkorb

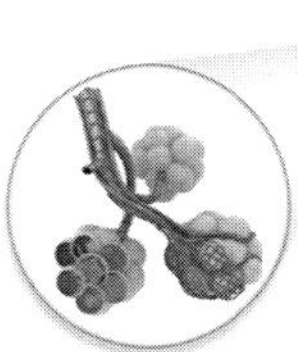

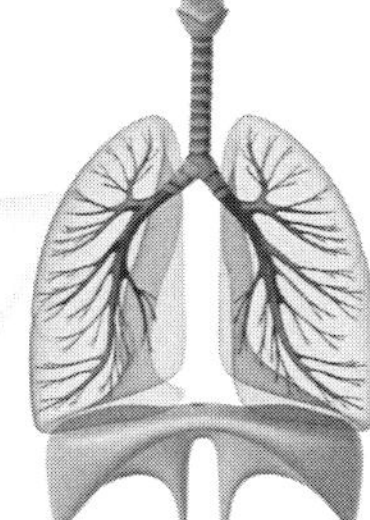

1 ______________________

ist etwa 12 cm lang. Sie führt vom Rachenraum zur Lunge Dort gabelt sie sich in zwei Äste (Bronchien), die zu den Lungenflügeln führen.

2 ______________________

Dort sitzen feine Härchen, welche die winzigen Staubkörnchen in der Atemluft abfangen. Somit kann kein Staub und Schmutz in die Lunge kommen!

3 ______________________

ist ein Muskel, der den Brustkorb vom Bauchraum trennt. Durch ihn ist tiefes Ein- und Ausatmen möglich.

4 ______________________

hat zwei Lungenflügel: rechts drei Lappen; links zwei Lappen (Das Herz braucht Platz).Sie besteht aus Millionen von Luftbläschen mit vielen kleinen Blutgefäßen. Sauerstoff wird in den Lungenbläschen gegen Kohlendioxid ausgetauscht.

5 ______________________

wird von den Rippen gebildet; Rippen dienen als Schutz für Herz und Lunge. Er kann beim Atmen vergrößert und verkleinert werden.

Aufgabe 8: *Male mit gleichen Farben an, was zusammengehört.*

Sie schützen die Lungenflügel wie ein Korb

Blut

Luftröhre

Mit ihren feinen Härchen filtert sie den Staub aus der Luft.

Nase

Sie leitet die eingeatmete Luft weiter in die Lungen.

Rippen

Mit ihm kannst du ebenfalls Luft ein- und ausatmen.

Zwerchfell

Mund

Es lässt durch Heben und Senken die Luft ein- und ausströmen.

Den eingeatmeten Sauerstoff transportiert es zu allen Körperteilen.

KOHL VERLAG Erforsche ... den menschlichen Körper – Bestell-Nr. 11 579

7 Was geschieht mit der Nahrung in unserem Körper?

Unsere Zähne

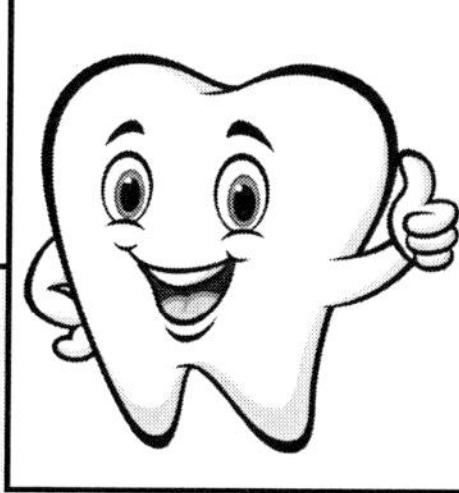

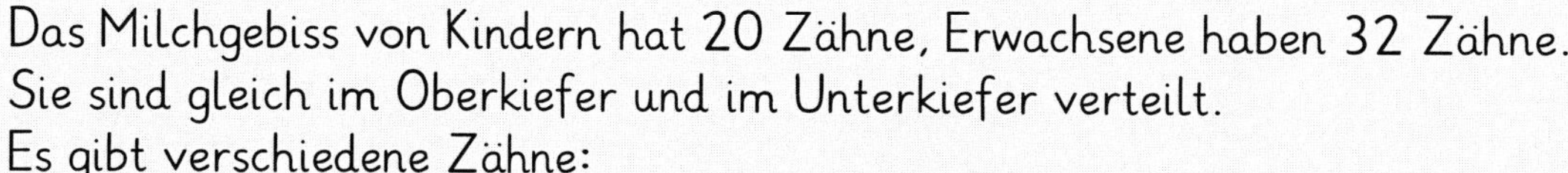

Das Milchgebiss von Kindern hat 20 Zähne, Erwachsene haben 32 Zähne. Sie sind gleich im Oberkiefer und im Unterkiefer verteilt.
Es gibt verschiedene Zähne:

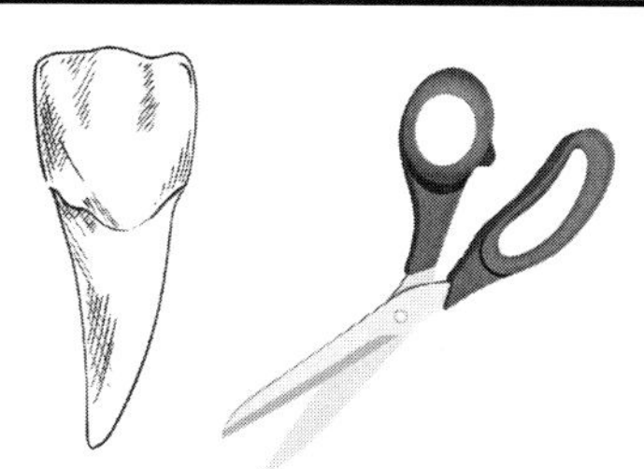

Du hast 8 Schneidezähne. Die Schneidezähne schneiden ab – schnipp, schnipp, schnapp!

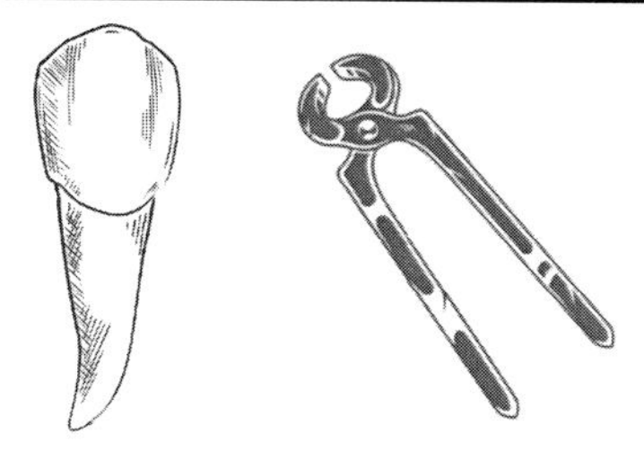

Du hast 4 Eckzähne. Die Eckzähne kneifen ab – zwick, zwick, zwack!

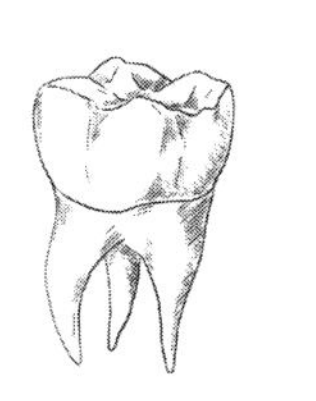

Du hast 8 Backenzähne. Die Backenzähne mahlen platt – klipp, klipp, klapp!

So sind unsere Zähne aufgebaut:

Schau in einen Spiegel und sieh deine Zähne an! Der weiße Teil des Zahns heißt Zahnkrone. Der Rest des Zahns ist im Zahnfleisch versteckt. Dieser Teil heißt Zahnwurzel. Sie hält den Zahn im Kiefer fest.

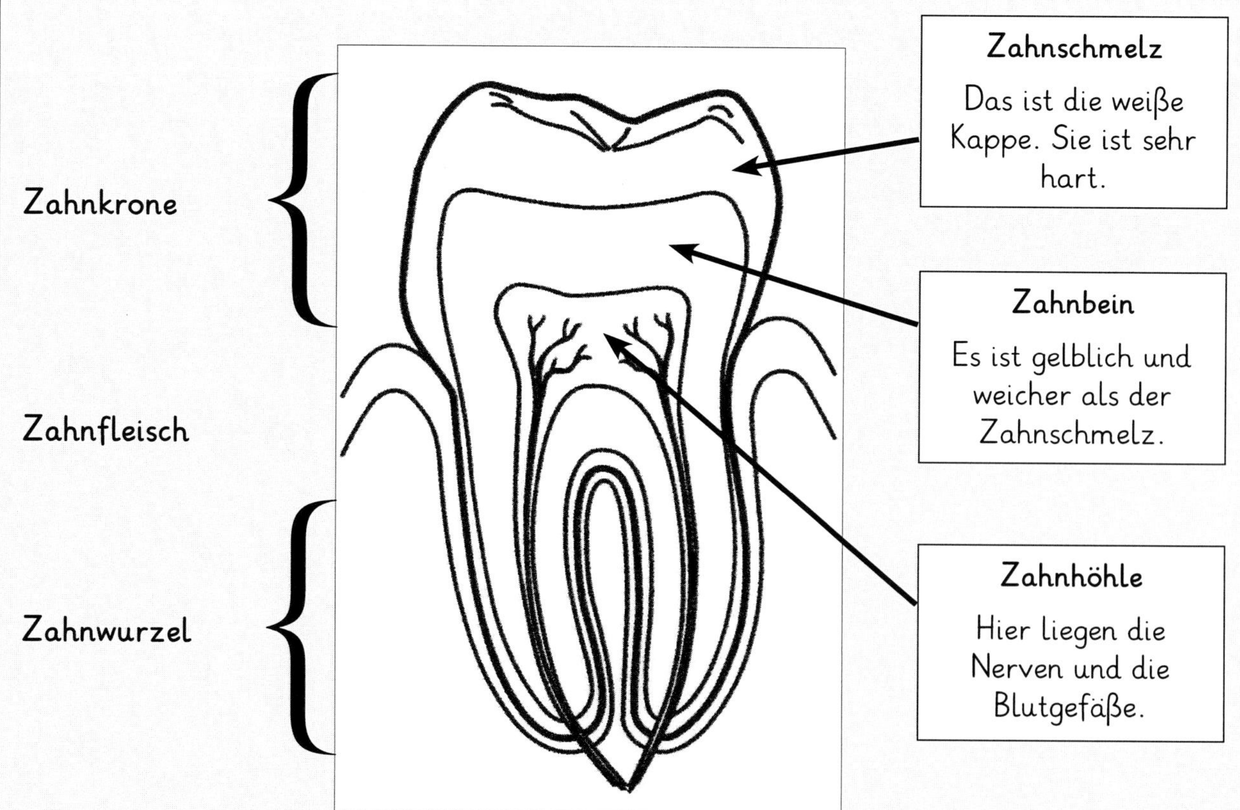

Zahnpflege

EA

Aufgabe 1: *Zahnpflege ist ganz, ganz wichtig. Nur aus einem gesunden Milchgebiss entwickeln sich auch später gesunde Zähne. Was weißt du über Zahnpflege? Bringe die Wörter in die richtige Reihenfolge. Schreibe die Sätze auf die Linien.*

1. gesunde Zähne – ich – Mit dem Zähne putzen – behalte

___

2. meine Zähne – überprüft – Der Zahnarzt

___

3. regelmäßig – zum Zahnarzt – Ich gehe

___

4. meine Zähne – zweimal täglich – Ich putze

___

5. führen zu – Zu viele – Zahnkaries – Süßigkeiten

___

6. zu beißen – um in eine Möhre – starke Zähne – Ich brauche

___

7. Meine Zahnpasta – Fluorid – enthält

___

8. meistens – Wasser oder Milch – Ich trinke

___

EA

Aufgabe 2: *Male die Zähne verschieden bunt an: Die Backenzähne blau, die Eckzähne gelb und die Schneidezähne rot.*

Oberkiefer   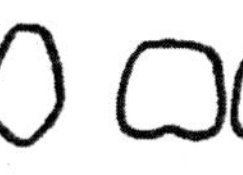

Unterkiefer 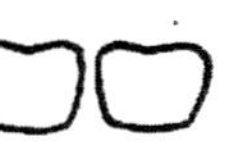 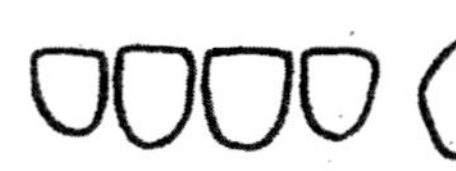 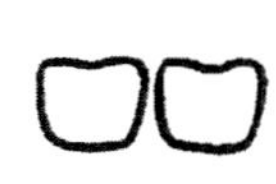

KOHL VERLAG Erforsche ... den menschlichen Körper – Bestell-Nr. 11 579

7 Was geschieht mit der Nahrung in unserem Körper?

Die Verdauung

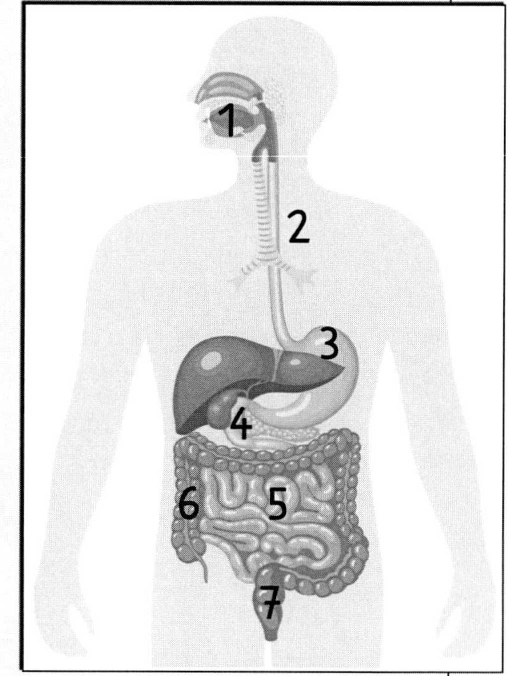

Wenn wir etwas essen, gelangt die Speise zunächst in den Mund **(1)**. Hier sind vor allem die Zähne beteiligt. Sie beißen ein Stück vom Brötchen ab und kauen es. Beim Kauen kommt Speichel (Spucke) hinzu, dadurch wird es ein weicher Brei.

Anschließend schlucken wir und durch die Speiseröhre **(2)** rutscht der Speisebrei in den Magen **(3)**. Die Magenschleimhaut hat kleine Drüsen, die den Magensaft absondern. Der mischt sich mit dem Brei. Von dort wird alles an der Leber vorbei befördert. Durch die Leber läuft die Nahrung zwar nicht hindurch, aber sie produziert einen wichtigen Verdauungssaft, die Galle.

Danach wird die Nahrung durch den Zwölffingerdarm **(4)** in den Dünndarm **(5)** befördert. Durch den Dünndarm nehmen wir die Nährstoffe auf, vor allem Eiweiß, Kohlehydrate und Fett. Diese Nährstoffe gelangen zunächst ins Blut. Das Blut befördert sie an die Stellen, an denen sie gebraucht werden.

Was nun noch übrig ist, wandert in den Dickdarm **(6)**. Er entzieht den Resten das Wasser. Der allerletzte Rest wird durch den Enddarm ausgeschieden **(7)**.

EA

Aufgabe 3: *Welche Teile gehören zu den Verdauungsorganen? Kreise sie ein.*

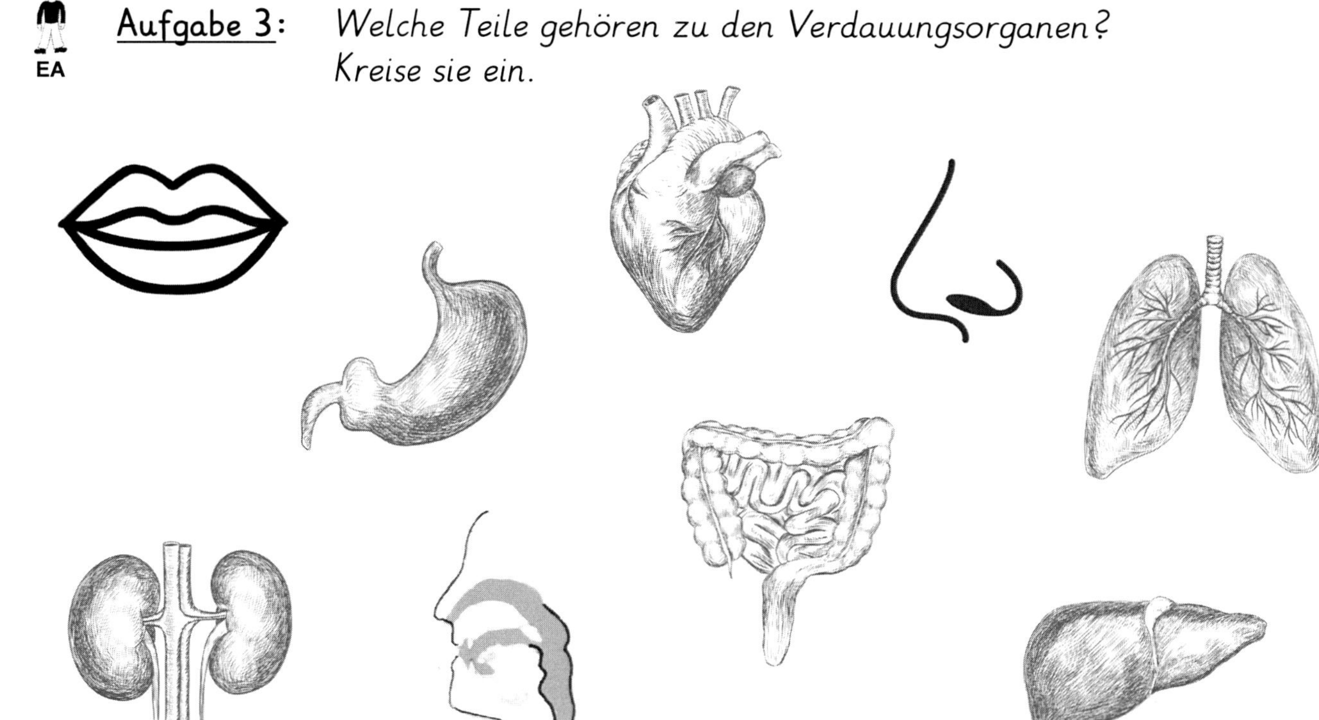

Die Reihenfolge der Verdauung

EA

Aufgabe 4: *Schneide die Teile der Verdauungsorgane aus und bringe sie in die richtige Reihenfolge, so wie sie in unserem Körper durchlaufen werden.*

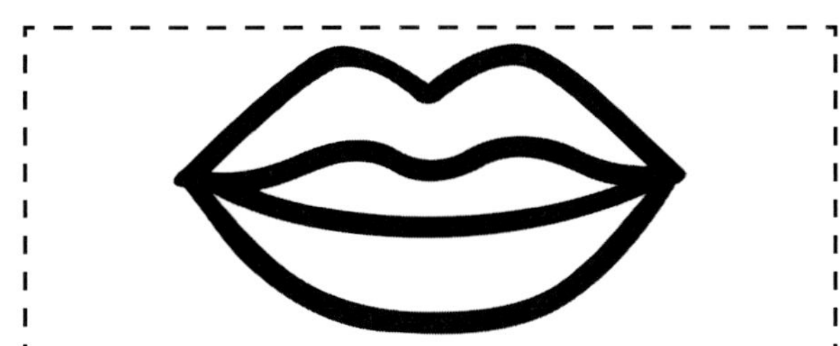

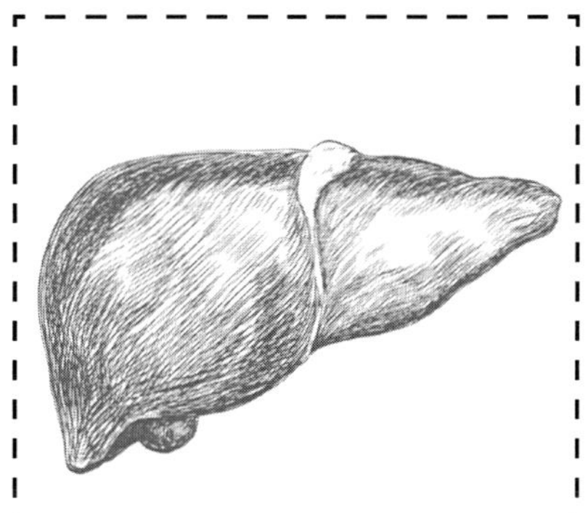

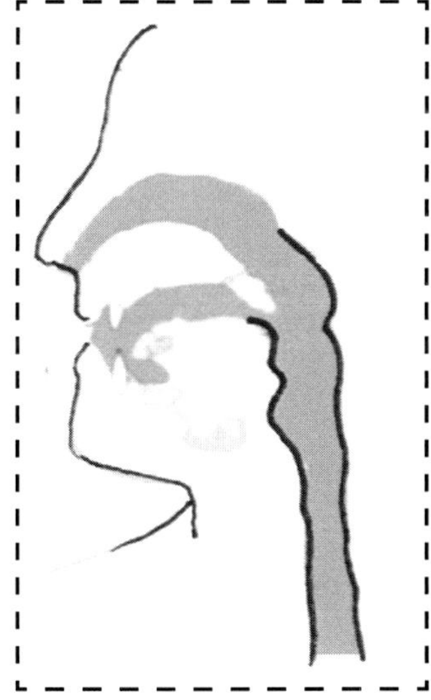

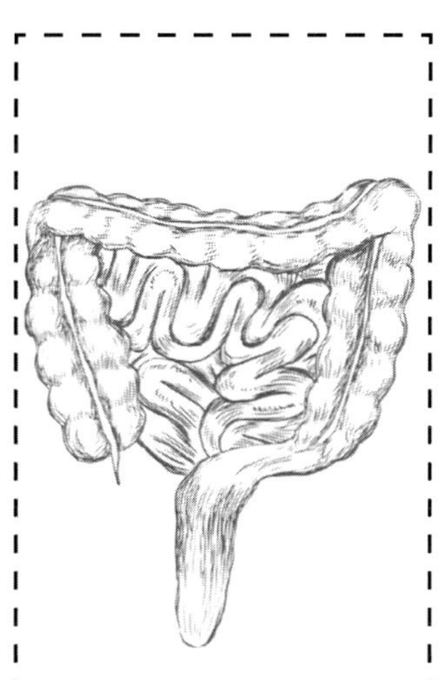

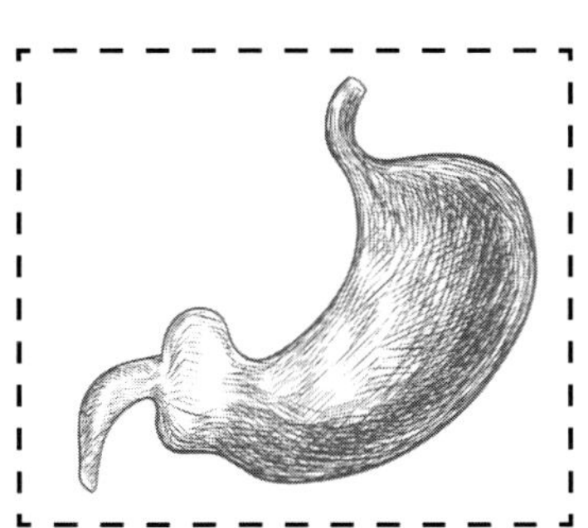

KOHL VERLAG Erforsche ... den menschlichen Körper – Bestell-Nr. 11 579

7 Was geschieht mit der Nahrung in unserem Körper?

Was passiert bei der Verdauung?

EA

Aufgabe 5: *Erkenne die in Klammer gesetzten Wörter und setze sie richtig in die Lücken ein.*

Mit unserer Nahrung nehmen wir alle Nährstoffe zu uns, die wir zum Leben brauchen. Die Verdauung beginnt im (U D M N) ✎ ______________________________, wenn wir Essen zerkauen. Das Zerkaute rutscht in die (S P E I R Ö H S E R E) ______________________________ .

Durch die Speiseröhre gelangt die Nahrung in den (M E N A G) ____________________. Dort wird sie von der Magensäure zersetzt und zu einem Brei. Der Speisebrei wandert an der (L E R E B) ______________________________ vorbei durch den Zwölffingerdarm in den (D N N Ü R A M D) ______________________________ und wird weiter zerlegt. Alle wichtigen Stoffe werden vom Blut aufgenommen. Die Reste werden weiter geschoben. Im (C K I D D R A M) ______________________________ werden diesen Resten noch Mineralstoffe und Wasser entzogen. Was übrig bleibt, wird ausgeschieden.

PA

Aufgabe 6: *Schneidet die Puzzle-Teile sorgfältig aus. Tauscht mit eurem Partner. Klebt dann das Bild auf ein Blatt. Bekommt ihr es richtig wieder zusammen?*

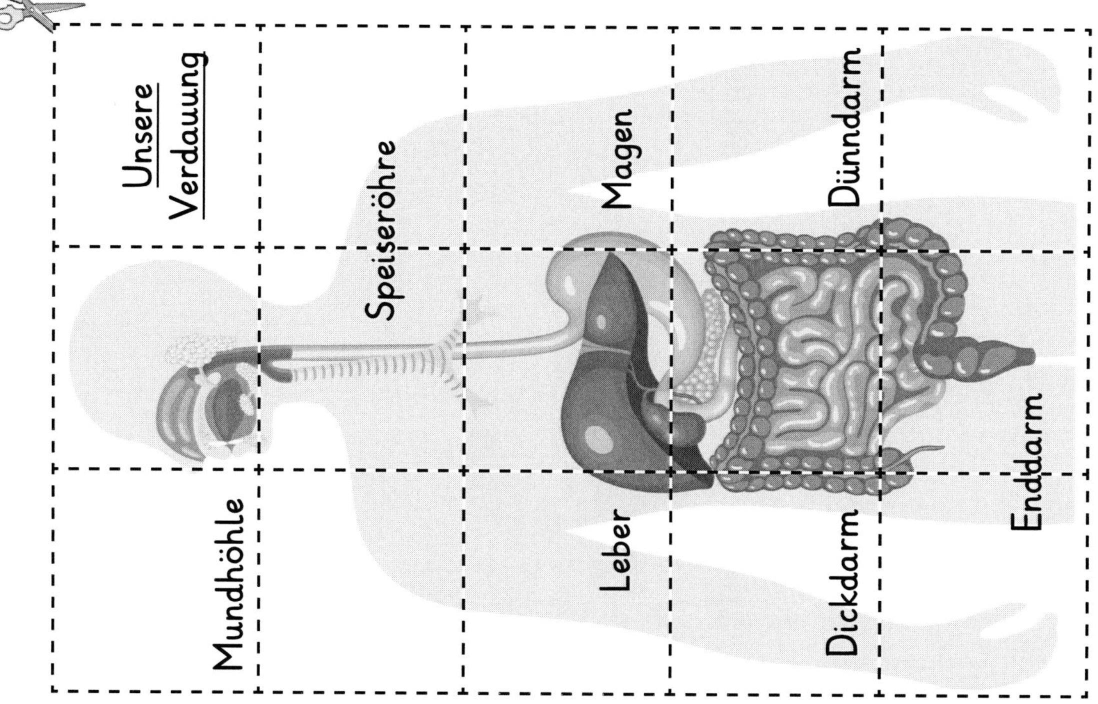

Was geschieht mit der Nahrung in unserem Körper?

Unsere Nahrung

Die richtige Nahrung ist wichtig für unseren Körper. Wenn wir uns gesund ernähren, ist er stark und fit. Wenn wir uns ungesund ernähren, werden wir dick und träge. Was natürlich nicht heißt, dass du nie Süßigkeiten oder Pizza essen sollst. Nur eben nicht so oft!
Dieses Bild nennen wir „Nahrungspyramide". Hier ist gezeichnet, wie viel du von den verschiedenen Lebensmitteln essen oder trinken solltest. Unten siehst du, was am wichtigsten ist und was du am häufigsten zu dir nehmen sollst. Oben stehen die Dinge, die du nur wenig essen sollst.

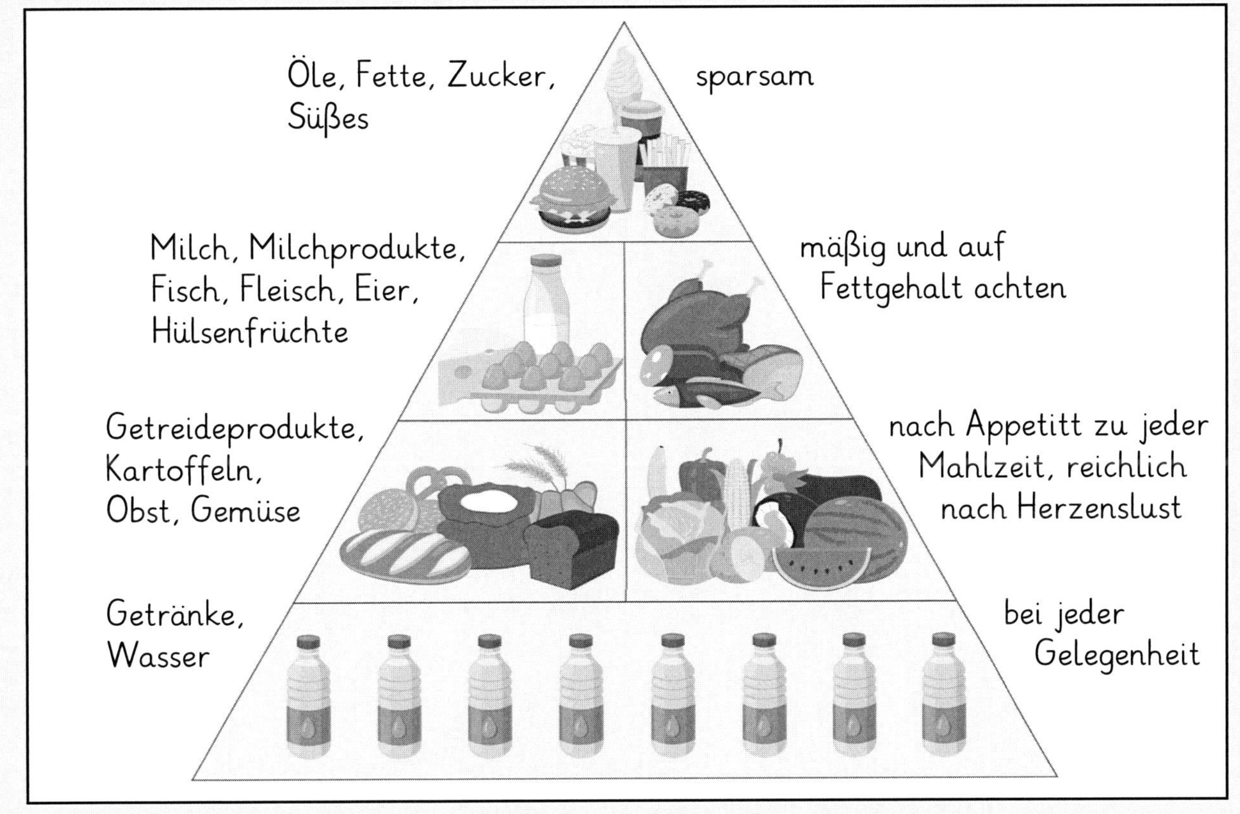

EA

Aufgabe 7: *Kreuze richtig an (es können mehrere Antworten richtig sein):*

a) Was sollst du am häufigsten zu dir nehmen?

Tee		Milch		Zucker		Wasser	

b) Was ist nicht so gesund für deinen Körper?

Obst		Pommes Frites		Fisch		Bonbons	

c) Wovon sollst du dich richtig satt essen?

Brot		Obst		Gemüse		Schokolade	

KOHL VERLAG Erforsche ... den menschlichen Körper – Bestell-Nr. 11 579

Gesund oder ungesund?

EA **Aufgabe 8:** *Hier siehst du gesunde und nicht so gesunde Nahrungsmittel. Kreise die gesunden grün, die ungesunden rot ein.*

8 Nieren und Wasserhaushalt

Ein Überblick

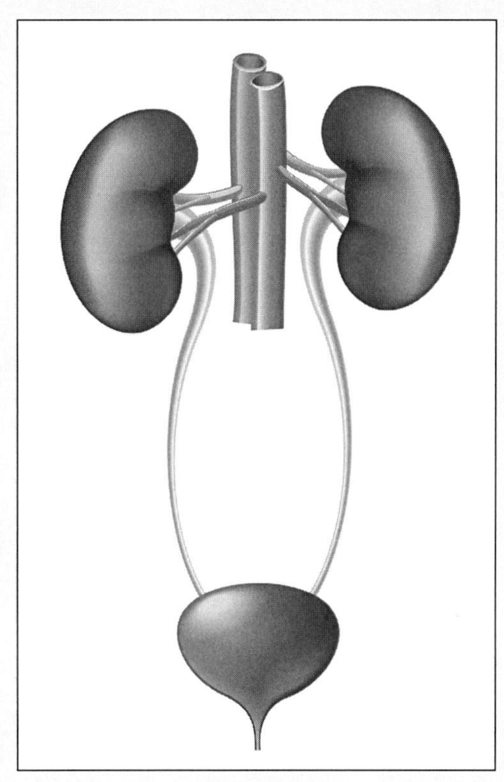

Unser Körper scheidet ständig Flüssigkeit aus, die größte Menge beim „Pippimachen".

Wir haben zwei Nieren. Sie filtern unser Blut, damit kein Abfallstoff unseren Körper vergiften kann. Die Nieren sind durch die Harnleiter mit der Blase verbunden. Dort wird der Urin (= Harn) gesammelt. Bevor sie ganz voll ist, spüren wir das Gefühl, dass wir auf die Toilette gehen müssen. Wenn wir unsere Blase entleeren, scheiden wir viele Abfallstoffe aus. Der Urin verlässt durch die Harnröhre unseren Körper. Damit unsere Nieren arbeiten können und immer gut durchgespült sind, müssen wir jeden Tag möglichst viel trinken.

Wenn wir trinken, kommt das Wasser über den Magen in den Darm. Wenn du ganz kaltes Wasser trinkst, kannst du das spüren. Vom Darm wird das Wasser ins Blut aufgenommen. So wird der ganze Körper versorgt.

Die Nieren sammeln das Wasser aus dem Blut. Sie filtern Stoffe heraus, die dein Körper nicht braucht oder ihm schaden. Das saubere Wasser gelangt zurück ins Blut. Dein Gehirn meldet dir, wenn du Durst hast. Es braucht viel Wasser, um richtig arbeiten zu können.

EA

Aufgabe 1: *Verbinde die Wörter mit dem richtigen Teil der Zeichnung. Erkläre dann kurz, wozu jedes Teil da ist.*

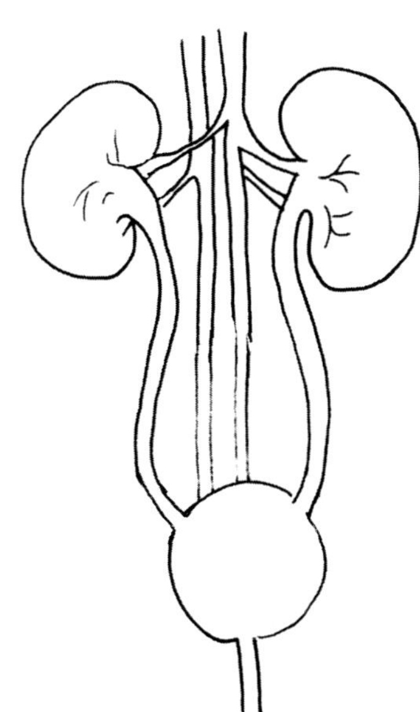

Nieren ______________________________

Harnleiter ______________________________

Blase ______________________________

Harnröhre ______________________________

KOHL VERLAG Erforsche ... den menschlichen Körper – Bestell-Nr. 11 579

Was passiert mit dem Wasser in unserem Körper?

EA

Aufgabe 2: *Wie kommt das Wasser in unseren Körper? Notiere die richtige Reihenfolge zu den Sätzen. Verbinde die Sätze mit dem richtigen Organ.*

Wenn du trinkst, kommt das Wasser über den Magen in den Darm. ☐

Vom Darm wird das Wasser ins Blut aufgenommen. ☐

Dein Gehirn meldet dir, wenn du Durst hast. ☐

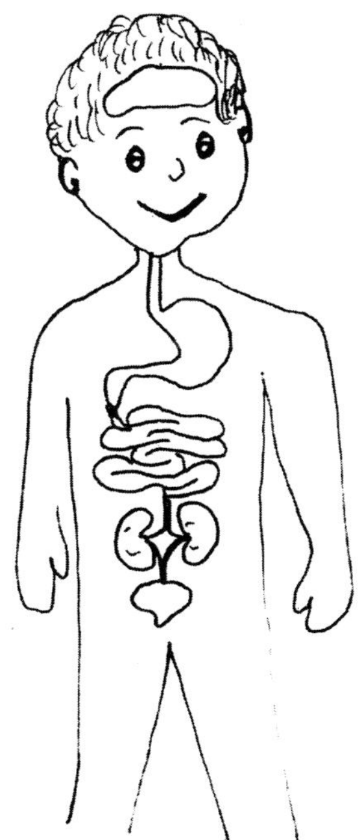

Die Nieren sammeln das Wasser aus dem Blut. Sie filtern Abfallstoffe heraus. ☐

In der Blase wird das Wasser aus den Nieren gesammelt. Wenn die Blase voll ist, musst du zur Toilette. ☐

Tipp für den Lehrer:
Die Nieren scheiden pro Tag 1,0 bis 1,5 Liter Wasser aus, die Haut etwa 0,5 Liter, die Lunge etwa 0,4 Liter und mit dem Darminhalt geben wir nochmals 0,1 Liter Wasser ab. Das lässt sich anschaulich demonstrieren, wenn Sie die entsprechende Menge gefärbtes Wasser abmessen und in eine klare Plastikflasche füllen. Lassen Sie die Schüler schätzen, welche Menge wodurch ausgeschieden wird!

Versuch 1:
Ein Schüler steckt seine Hand in eine Plastiktüte, die luftdicht um das Handgelenk verschlossen wird. Nach etwa 15 Minuten wird die Tüte entfernt. Es wird sichtbar: Die Haut hat Flüssigkeit abgesondert. Sie hat geschwitzt.

Versuch 2:
Die Kinder hauchen gegen einen Spiegel. Die Flüssigkeit im Atem wird sichtbar.

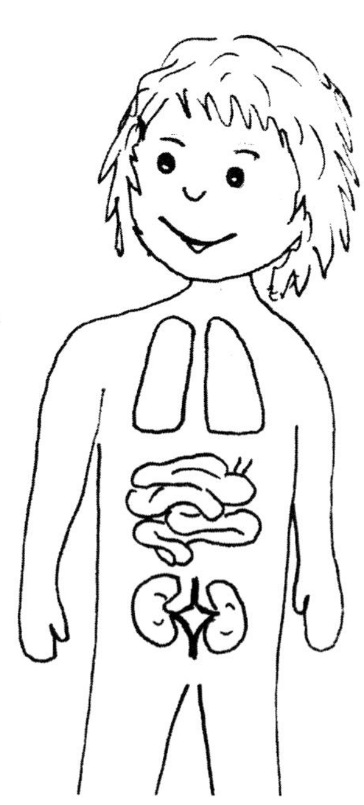

EA

Aufgabe 3: *Wodurch verliert unser Körper Wasser? Male die vier Organe, durch die unser Körper Wasser ausscheidet, mit verschiedenen Farben an.*

9 Die Geschlechtsorgane

Jedes Baby hat von Geburt an seine Fortpflanzungsorgane. Mädchen haben Eierstöcke, Eileiter, Gebärmutter und eine Scheide. Jungen haben Hoden, Samenleiter und einen Penis (Glied). Während der Pubertät, also im Alter zwischen 10 und 16 Jahren, nehmen diese Organe ihre Tätigkeit auf.

Frau

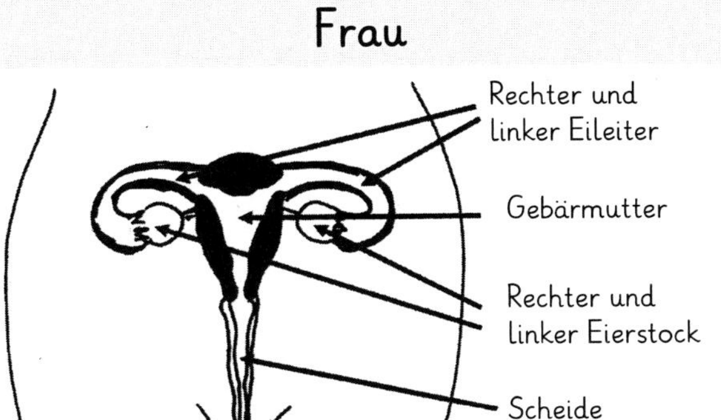

Mann

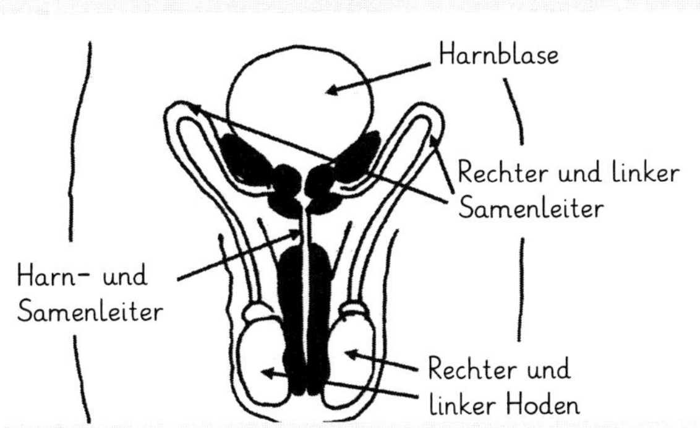

Wenn Mann und Frau Geschlechtsverkehr haben, können sich die weibliche Eizelle und die männliche Samenzelle verbinden. Dann entsteht ein kleines Baby. Das wächst etwa 9 Monate im Bauch der Mutter, bevor es geboren wird.

EA

Aufgabe 1: *Wenn das Baby geboren ist, kann es atmen, Milch saugen, schreien und einiges mehr. Aber es muss auch noch viel lernen. Frage deine Eltern: Wann konntest du lachen, sitzen, krabbeln und laufen?*

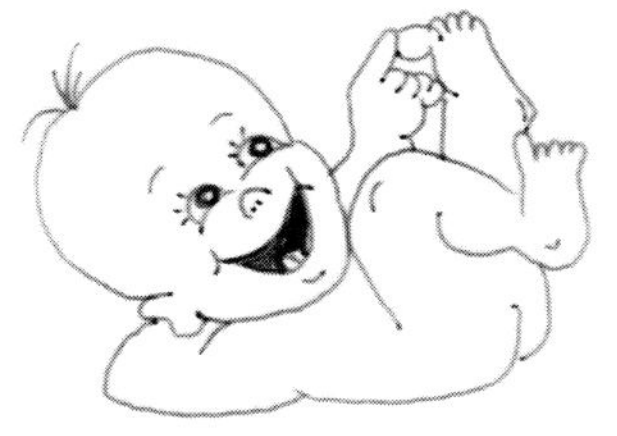

Aufgabe 2 :

a) *Überlegt zusammen: Bis ihr in die Schule gekommen seid, habt ihr noch viel mehr gelernt. Was war das alles? Malt oder notiert kurz.*

b) *Auch in der Schule habt ihr bestimmt schon vieles gelernt: Lesen, Rechnen, Schreiben. Und was noch?*

10 Das Gehirn

Denken, essen, reden, lachen, atmen, sehen, riechen, hören, rechnen, laufen, lernen, schreiben, spielen, schwimmen, rechnen, spazieren gehen ...

All das und noch mehr können wir. Mit Armen, Händen, Beinen oder mit unseren Sinnesorganen. Wir werden müde, durstig oder hungrig. Wir merken und erinnern uns an viele Sachen. Einiges passiert scheinbar einfach so in unserem Körper ...

Doch unser Gehirn ist immer beteiligt. Als Steuerzentrale ist es mit jedem einzelnen Teil unseres Körpers verbunden. Da gibt es richtige Leitungen, die Nerven. Die bestehen, wie das Gehirn selbst auch, aus vielen einzelnen Nervenzellen. Im Kopf gehen diese Leitungen direkt vom Gehirn zu Augen, Mund, Nase, Ohren, Zunge usw.. Vom Gehirn durch die Wirbelsäule, also vom Kopf in den Körper, führt das Rückenmark – eine dickere Leitung. Und vom Rückenmark aus gehen wieder einzelne Nerven zu den verschiedenen Organen und Muskeln, bis in den kleinen Finger oder den dicken Zeh.

Das Gehirn gliedert sich in eine rechte und eine linke Hälfte. Wenn beide Gehirnhälften gut miteinander verbunden sind, kannst du prima denken, lesen und rechnen.

<u>Aufgabe 1</u>: *Eine Übung zur Verbindung der beiden Gehirnhälften ist die „liegende Acht". Und so geht sie:*

Vor dem Körper wird mit den Armen langsam eine große „liegende Acht" geschrieben. Dabei wird der linke Arm vor dem Körper nach links oben geführt und mehrere Achten gemalt. Das Gleiche umgekehrt mit dem rechten Arm. Danach werden mit beiden Armen 3 bis 4 „liegende Achten" geschrieben. Die Augen sollten bei der Übung jeweils den Händen folgen, der Kopf bewegt sich leicht mit.

EA

<u>Aufgabe 2</u>: *Training fördert das Gehirn. Dinge, die du ständig tust (essen, laufen, sprechen), machst du wie im Schlaf. Bei Sachen, die du selten machst, musst du nachdenken. Wie ist es bei dir? Erstelle eine Tabelle und trage ein, was du „wie im Schlaf" kannst und wobei du nachdenken musst.*

das kann ich ohne denken	dabei muss ich nachdenken
.....	

Unsere Sinne

Sinnesorgan – ja oder nein?

EA

Aufgabe 1: *Wir haben 5 „Sinne". Damit können wir schmecken, fühlen, hören, sehen und riechen. Kreise ein, bei welchem Körperteil es sich um ein Sinnesorgan handelt.*

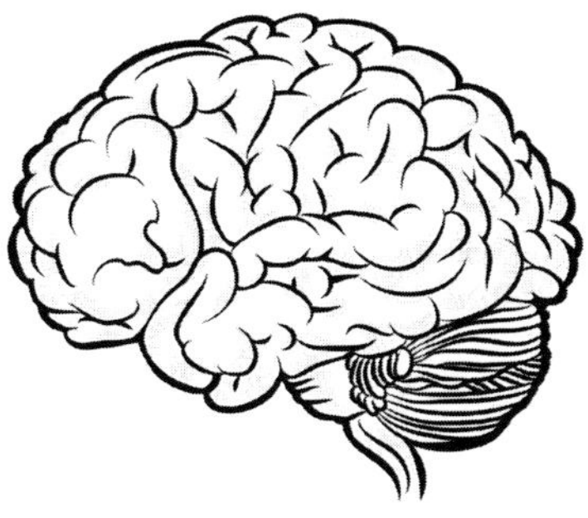

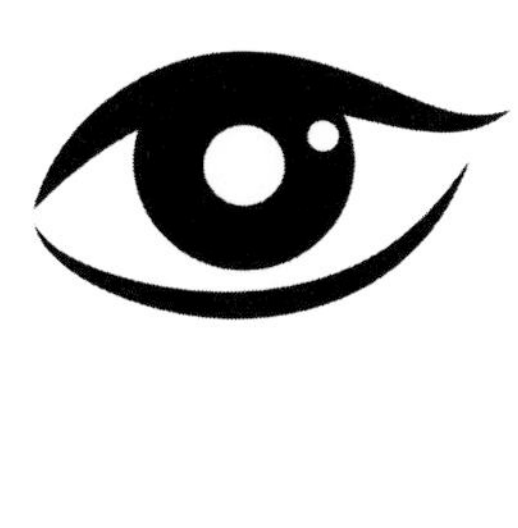

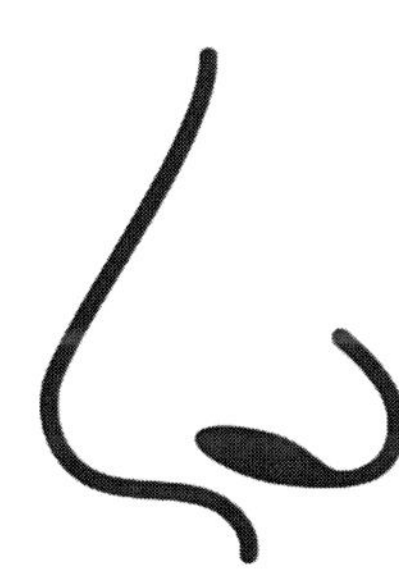

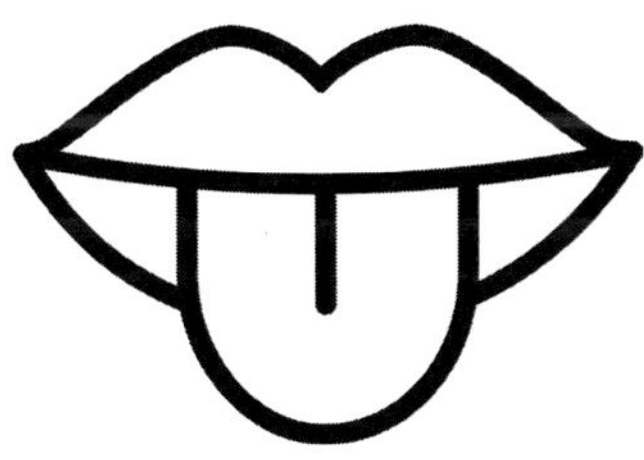

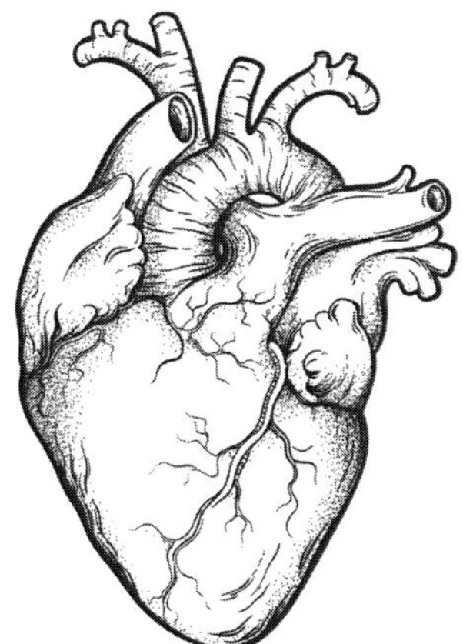

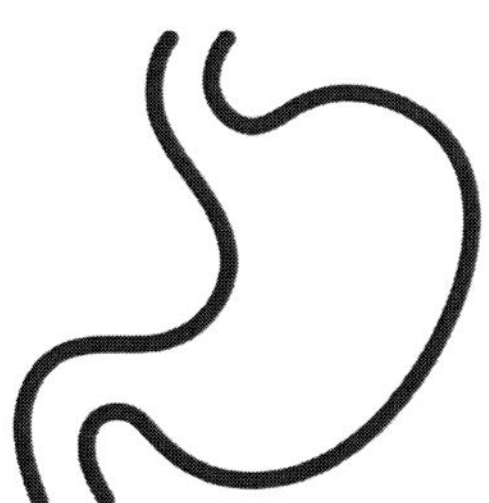

KOHL VERLAG Lernen mit Erfolg
Erforsche ... den menschlichen Körper – Bestell-Nr. 11 579

Wofür sind Sinnesorgane da?

EA

Aufgabe 2: *Vervollständige die Sätze.*

- Mit den Augen kann man ______________________
- Mit den Ohren kann man ______________________
- Mit der Zunge kann man ______________________
- Mit der Nase kann man ______________________
- Mit den Fingern kann man ______________________

EA

Aufgabe 3: *Kreuze an, was richtig ist. Du kannst auch mehrere „Sinne" wählen.*

Dinge		fühlen	sehen	schmecken	hören	riechen
	Bonbons					
	Vögel					
	Eis					
	Musik					
	Käse					
	Pizza					
	Auto					

Die Augen – Sehen

Mit unseren Augen sehen wir Formen, Gegenstände und Farben. Augenbrauen, Augenlider und Wimpern schützen unsere Augen vor Staub und Verletzungen. Die Tränenflüssigkeit schützt das Auge vor dem Austrocknen.

Eines der wichtigsten Teile ist der Augapfel. Er ist fast rund wie eine Kugel. In seiner Mitte liegt die Pupille, ein schwarzer Kreis. Drum herum liegt die Regenbogenhaut (Iris). Sie kann blau, braun oder grün sein. Pupille und Iris sind von einer durchsichtigen Hornhaut überzogen. Hinter der Pupille liegt die Linse, die uns das Sehen möglich macht. Menschen, die nicht gut sehen können, tragen eine Brille.

Aufgabe 4: *Male das Auge deines Nachbarn um die Pupille in den Kasten. Ordne die Teile richtig zu.*

Augenbraue

Wimpern

Augenlid

Regenbogenhaut

Pupille

Augapfel

Versuch 1:
Unsere Augen „fotografieren" Gegenstände. Wie genau macht ihr das? Testet das mal aus. Einer legt einige Gegenstände (Bücher, Farbstifte, Füller) unter ein Tuch. Das Tuch wird einige Sekunden entfernt, sodass die anderen die Sachen sehen können. Dann wird alles wieder zugedeckt. Wer hat am genauesten hingeschaut und alle Einzelheiten gesehen?

Versuch 2:
Unsere Augen werden durch die Tränenflüssigkeit ständig feucht gehalten. Durch den Lidschlag wird die Flüssigkeit gleichmäßig verteilt. Wie lange könnt ihr die Augen offen halten, ohne zu zwinkern?

Erforsche ... den menschlichen Körper – Bestell-Nr. 11 579

Die Ohren – Hören

Geräusche wie Stimmen oder Musik erzeugen Schallwellen. Die werden von deiner Ohrmuschel aufgenommen und gelangen durch den Gehörgang zum Trommelfell im Mittelohr. Die Schallwellen bringen das Trommelfell zum Schwingen. Hinter dem Trommelfell ist ein Hohlraum. Hier sind die Gehörknöchelchen Hammer, Amboss und Steigbügel aufgehängt. Sie leiten die Schwingungen weiter an das Innenohr, wo sich die Schnecke, das eigentlich Hörorgan, befindet. Dort werden die Schwingungen in Signale umgewandelt und über den Hörnerv ans Gehirn weitergegeben. Im Innenohr befindet sich neben der Schnecke auch der Gleichgewichtssinn. Er hilft uns, das Gleichgewicht zu halten. Jede Bewegung wird dem Gehirn gemeldet.

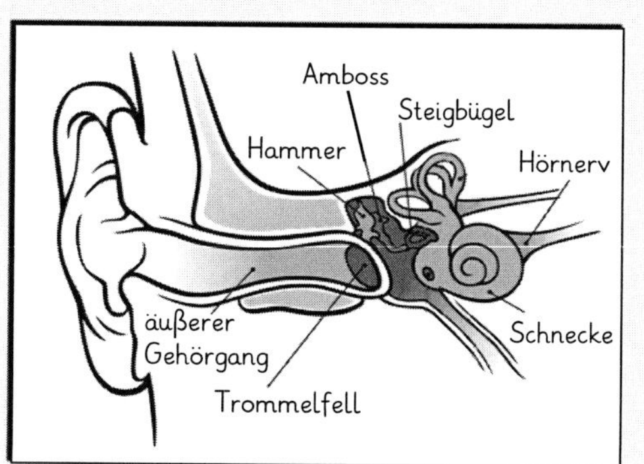

EA

Aufgabe 5: *Welche Teile gehören zum Außenohr, zum Mittelohr und zum Innenohr usw.? Schneide die Kärtchen aus und klebe sie passend auf ein Blatt.*

Außenohr	Mittelohr	Innenohr
Schallwellen	Gehirn	Hörzellen
Ohrmuschel	Gehörgang	Trommelfell
Hammer	Amboss	Steigbügel
Schnecke	Hörnerv	

EA

Aufgabe 6: *Setze die Namen der Gehörknöchelchen richtig in das Gitter ein. Die grauen Kästchen verraten dir, richtig geordnet, ein Lösungswort. Du kannst es hören.*

S									
		H							
		A							

Die Nase – Riechen

Mit der Nase riechen wir, gute oder schlechte Gerüche. Wir atmen durch sie ein und aus. Sie reinigt die eingeatmete Luft von Staub und Schmutz, erwärmt und befeuchtet sie. Außen siehst du die Nasenflügel und die Nasenlöcher. Der äußere Teil besteht aus Knochen und Knorpeln. Im oberen Teil der Nase befinden sich die Riechzellen. Von dort werden die Gerüche über feine Nervenbahnen zum Riechkolben weitergeleitet. Der ist schon ein Teil des Gehirns. Die meisten Menschen können etwa 4.000 Düfte unterscheiden.

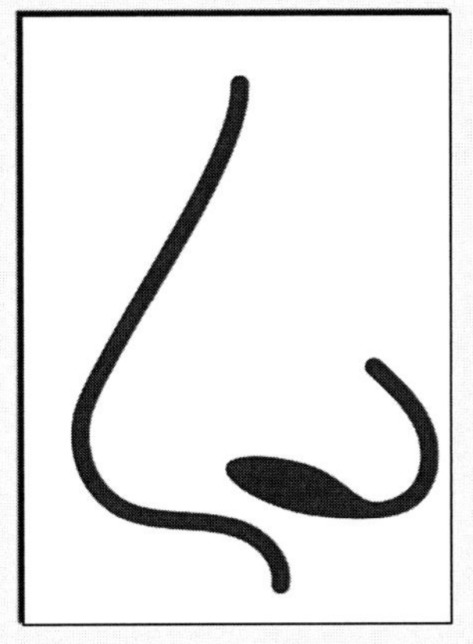

EA

Aufgabe 7: *Wenn man einen bestimmten Duft riecht, erinnert man sich oft an ein Ereignis, das mit diesem Duft zu tun hat. Beschreibe ein solches Erlebnis. Denke an Kerzenduft, an Erdbeeren …*

Versuch:

Lasst eurer Kreativität freien Lauf!

Ihr braucht:

- 4–6 Döschen mit Deckel (Filmdosen oder kleine Joghurtbecher und Alu-Folie)
- verschiedene Sachen, die einen kräftigen Duft haben, z. B. Schokolade, Apfel, Zitrone, Zimt, Vanille, Zwiebel, Käse, Banane
- 1 Blatt Papier, Stift

So geht es:

- Bildet Gruppen mit 4 –5 Schülern.
- Füllt in jedes Filmdöschen etwas anderes hinein.
- einer markiert die Döschen (Punkt = Banane, Kreis = Zwiebel)
- Er übernimmt auch die Liste und notiert, was in welchem Döschen ist und wer was gerochen hat.
- Nacheinander riechen die Schüler an den verschiedenen Düften.
- Sie sagen, was sie riechen.
- das wird in der Liste angekreuzt
- Wer hat die beste Nase und alles richtig gerochen?

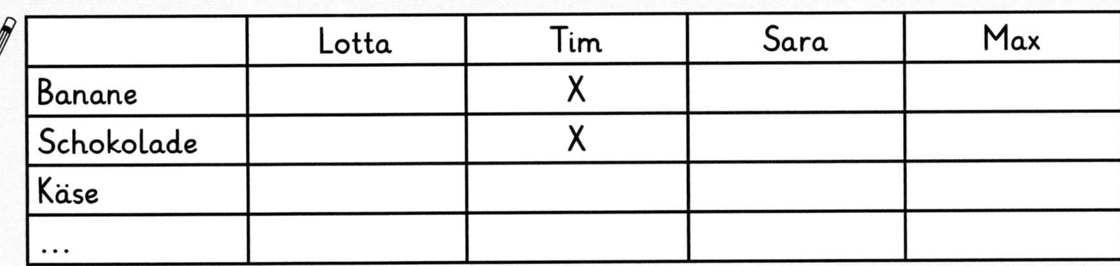

	Lotta	Tim	Sara	Max
Banane		X		
Schokolade		X		
Käse				
…				

Die Zunge – Schmecken

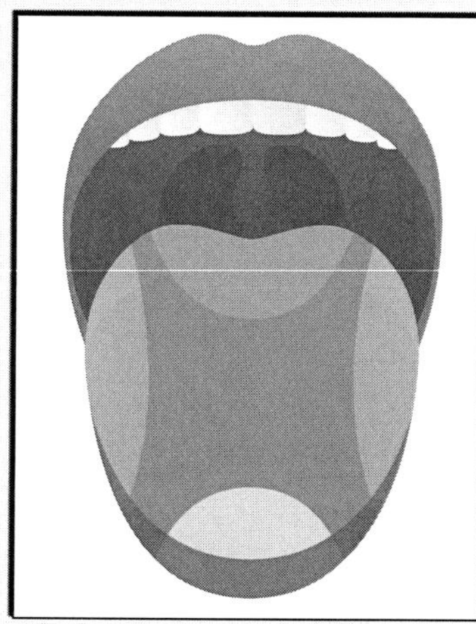

Du brauchst die Zunge zum Sprechen, Schlucken und Schmecken. Beim Kauen schiebt sie die Nahrung zu deinen Zähnen, damit sie zerkleinert wird. Mit der Zunge nehmen wir 5 Geschmacksrichtungen wahr: süß, salzig, sauer, bitter und umami (fleischig). Dazu haben wir mehr als 9000 Geschmacksknospen, die sich zum Großteil auf der Oberseite der Zunge befinden.
Wenn wir essen, nehmen wir über die Geschmacksknospen den Geschmack an verschiedenen Stellen der Zunge wahr. An der Zungenspitze wird süß, hinten bitter geschmeckt. Sauer bemerken die Papillen in der Mitte beider Zungenseiten. Direkt daneben empfinden wir salzige Dinge. Diese Geschmäcke werden von den Papillen über Nervenbahnen ans Gehirn weitergeleitet.

EA

Aufgabe 8: *Male im Bild oben an, wo du welchen Geschmack am besten schmeckst.*

Versuch 1: **Geschmackstest**
Wie schmeckt es?
(Natürlich könnt ihr auch andere Lebensmittel einsetzen.)

	süß	sauer	salzig	bitter	umami
Zucker					
Salzstangen					
Zitronensaft					
Salami					

Versuch 2: **Ohne Nase schmecken?**

a) Schließe deine Augen und halte die Nase zu. Lass dir von deinem Partner etwas zu Essen geben. Kannst du schmecken was es ist?

b) Halte deine Nase nicht mehr zu und versuche es noch einmal. Was fällt dir auf?

Versuch 3: **Zungentest**
Tropfe mit dem Wattestäbchen etwas von den Sachen auf verschiedene Stellen deiner Zunge. Trage ein, an welcher Stelle du was am besten schmeckst.

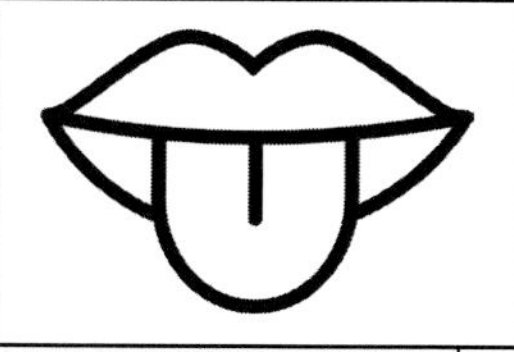

Die Haut – Fühlen

Die Haut ist unser größtes Organ. Dort befindet sich unser Tastsinn. Mit ihr kannst du fühlen. Du spürst Kälte, Wärme, Druck und Schmerz. Der Tastsinn ist in den Fingerspitzen besonders gut ausgeprägt. Durch die Haut erfahren wir, ob etwas rau oder glatt, weich oder hart, spitz oder rund ist.

Die Haut besteht aus 3 Schichten: Oberhaut, Lederhaut und Unterhaut. In der Haut sind Schweißdrüsen, die deine Temperatur regeln. Daher schwitzt du, wenn es heiß ist oder du dich anstrengst.

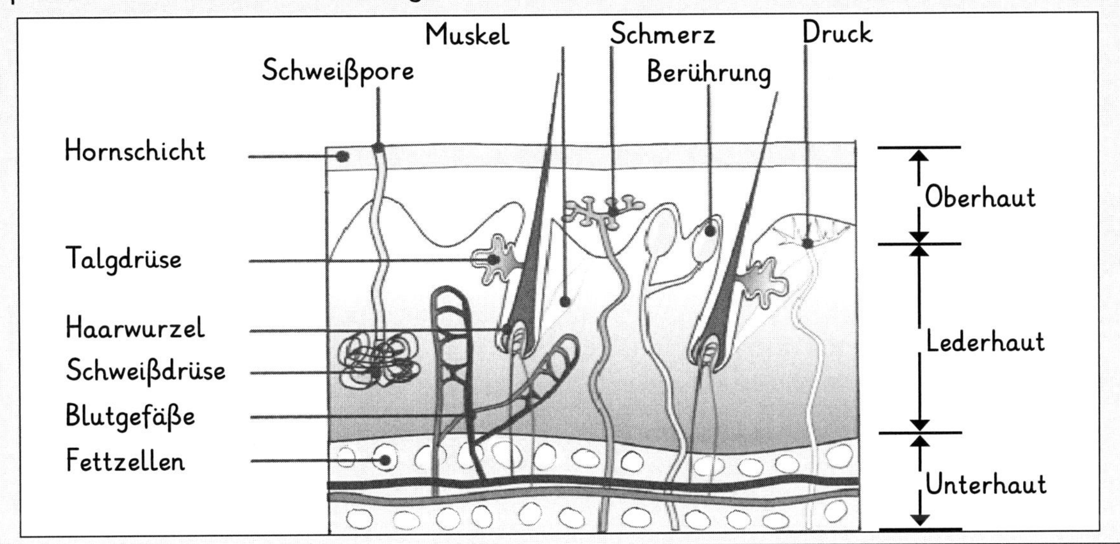

Aufgabe 9: *Male das Bild oben farbig an: Schweißdrüse bis Schweißpore gelb, Blutgefäße rot, Haarwurzel und Haar blau, Nervenzellen, Schmerz, Druck und Berührung gelb.*

Aufgabe 10: *Betrachte deine Haut auf der Hand oder Arm genau. Zeichne auf einem Blatt ein Bild davon. Wie sieht sie aus?*

Versuch *(in kleinen Gruppen)*:

Was kann meine Haut alles? Die Schüler führen die Versuche nach Ihrer Anleitung in kleinen Gruppen (4–6 Kinder) durch und formulieren anschließend, was ihre Haut alles wahrnimmt.

- Wärme empfinden (Heizung, Sonne oder warmes Wasser)
- Kälte empfinden (kaltes Wasser oder Eis)
- Druck empfinden (drückt auf eine Stelle der Haut)
- Ertasten (Die Schüler ertasten einen Gegenstand in einer Schachtel.)
- Schwitzen (Die Schüler steigen 15-mal auf einen Stuhl.)
- Frieren (Die Schüler stellen ihren Fuß in kaltes Wasser.)
- Kitzeln (Ein Schüler kitzelt den anderen mit einer Feder an der Fußsohle.)
- Streicheleinheiten (Der eine Schüler streichelt den anderen vorsichtig am Arm.)

Erforsche ... den menschlichen Körper – Bestell-Nr. 11 579

Quiz zu den Sinnesorganen

 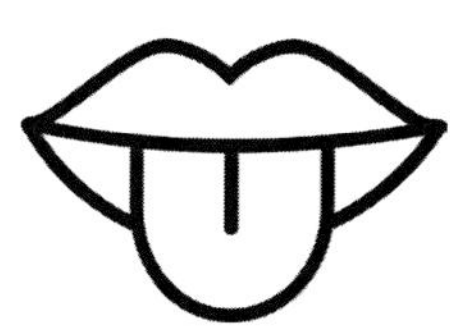   

EA

Aufgabe 11: *Richtig oder falsch? Male die richtigen Buchstaben rot an. Sie verraten dir, was dein Gehirn gerade macht.*

Nr.	Aussage	✔	✘
1	Die Tränen fließen aus den Augen.	D	F
2	Wenn ich rieche, dann arbeitet meine Nase.	E	R
3	Wir sehen mit den Augen.	N	I
4	Eine Brille hilft gut beim Hören.	A	N
5	Mit der Haut spüren wir Berührungen.	K	V
6	Mit der Zunge schmecken wir.	E	A
7	Augenbrauen und Wimpern schützen das Auge.	N	T
8	Wir sehen mit der Nase.	T	E
9	Die Augen liegen auf der Rückseite des Körpers.	Z	R
10	Wenn wir hören, dann arbeiten die Ohren.	U	M
11	Mit der Haut fühlen wir Wärme und Kälte.	N	P
12	Mit den Ohren schmecken wir.	E	I
13	Es gibt blaue und braune Augen.	D	L
14	Am Tag, wenn es hell ist, hört man besser.	I	N
15	Die Nase sieht besonders gut.	G	A
16	Dunkelheit kann man schmecken.	O	M
17	Wenn du nicht gut siehst, brauchst du eine Brille.	L	E
18	Unsere Zunge hört gut.	P	B
19	Die Haut kann verschiedene Farben haben.	E	U
20	Wir schmecken süß, sauer, salzig und bitter.	S	N
21	Mit der Haut hören wir.	R	T
22	Unsere Haut spürt Druck und Wärme.	E	A
23	Laute Geräusche sind ungesund für unsere Ohren.	N	K

Das Lösungswort: ______________________________

Domino – Sinnesorgane

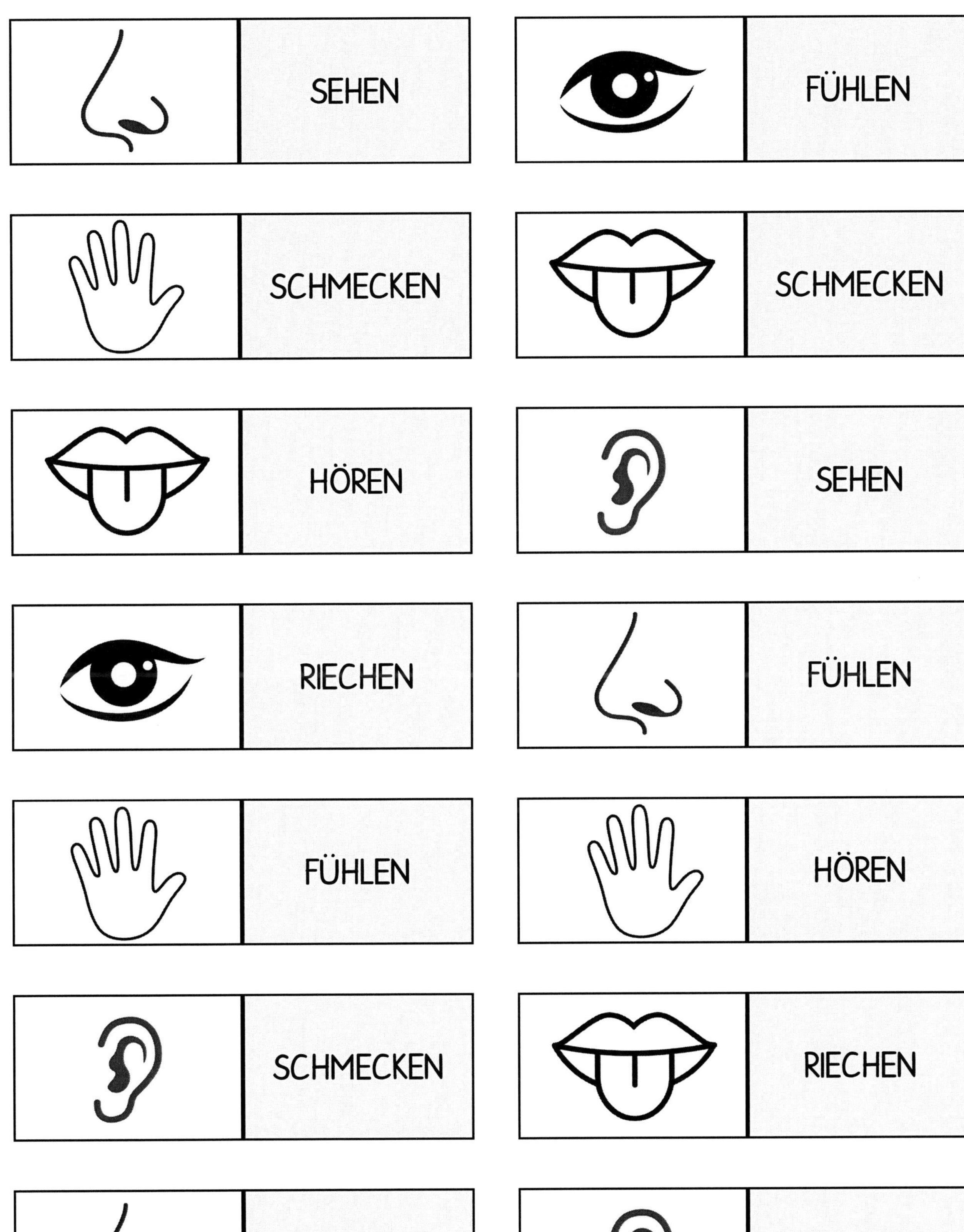

KOHL VERLAG Lernen mit Erfolg
Erforsche ... den menschlichen Körper – Bestell-Nr. 11 579

Funktionen unserer Körperteile und -organe

Aufgabe 1: *Verbinde, was zusammenpasst.*

EA

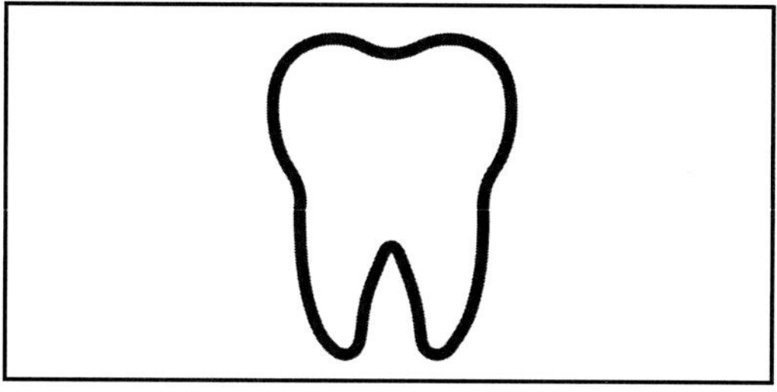

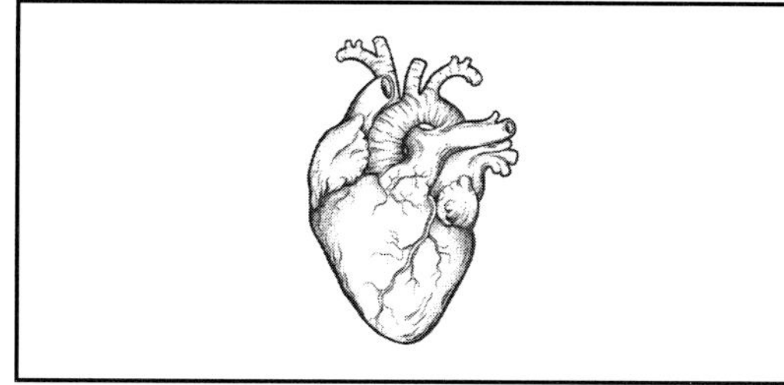

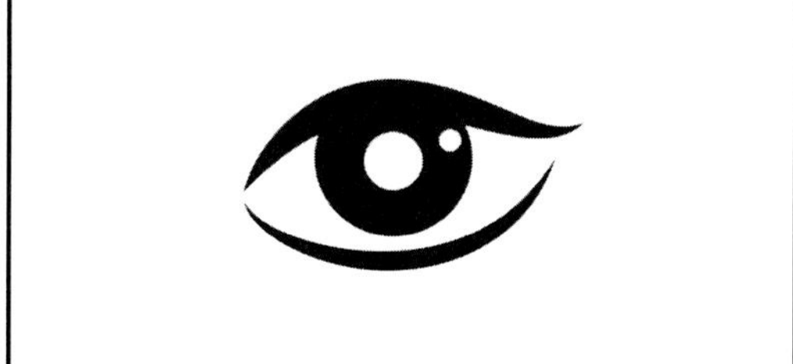

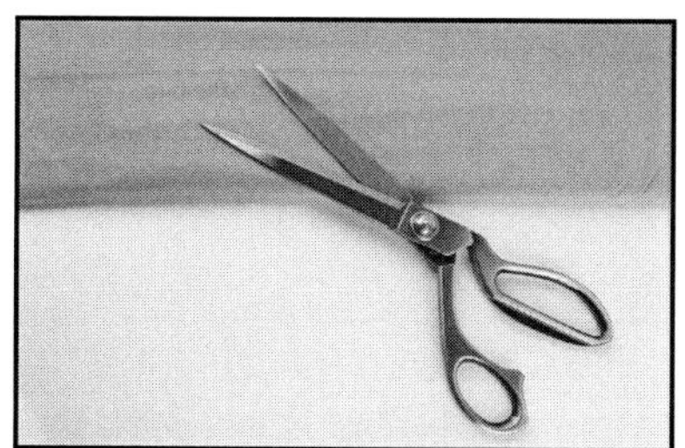

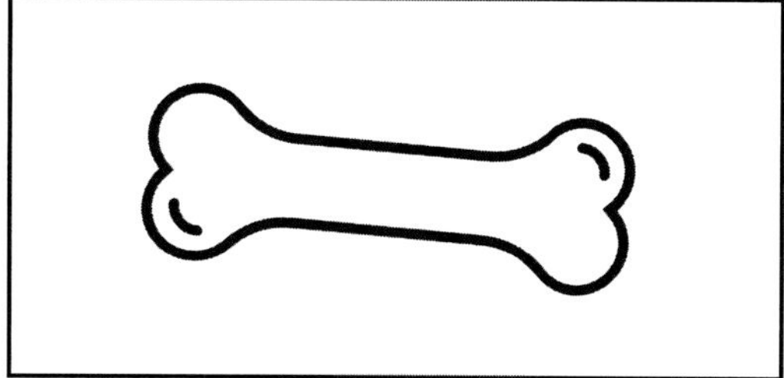

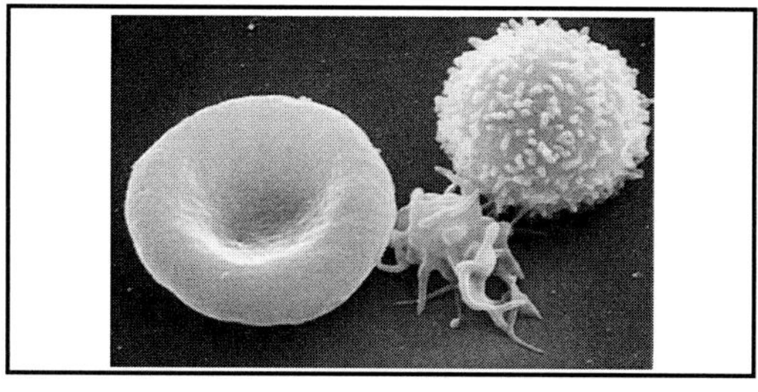

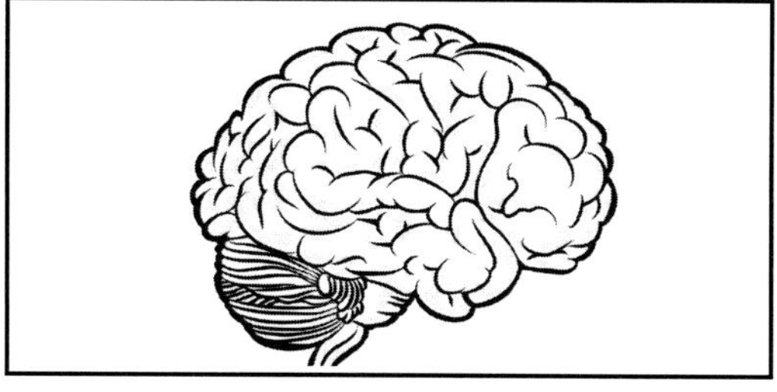

EA

Aufgabe 2: *Erkläre, wie du die passenden Paare gefunden hast.*

13 Die Lösungen

1 Aufgabe 1+2:

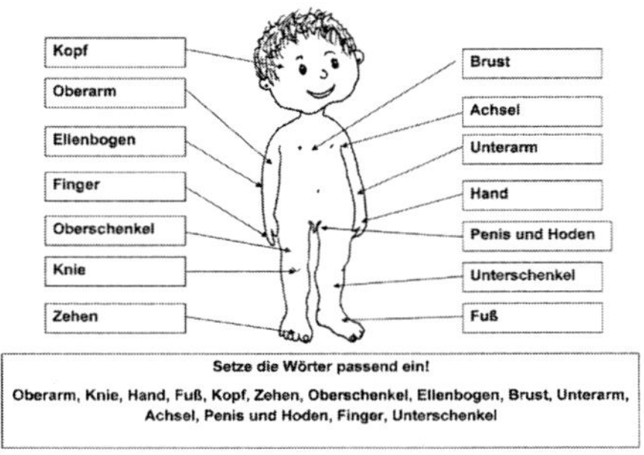

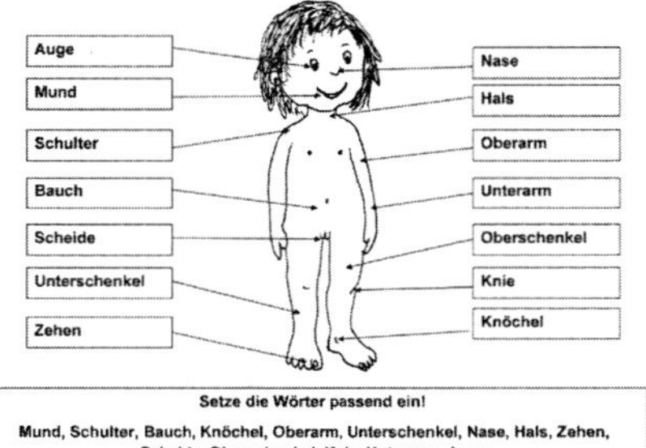

Aufgabe 3:

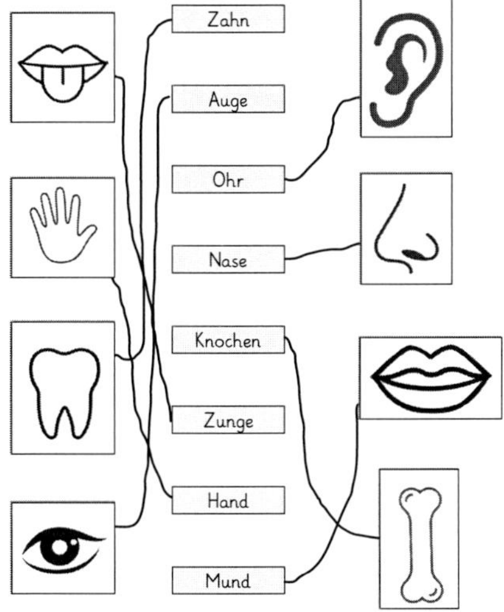

Aufgabe 6: Fußsohle, Knöchel, Knie, Gesäß, Bauchnabel, Ellenbogen, Brust, Schulter, Hals, Kinn, Kopf

Aufgabe 7: Dies passt nicht: Kinn, Ohr, Popo, Fuß – das Wort lautet Kopf.

Aufgabe 8–10: individuelle Lösungen

2 Aufgabe 2: Das Knochengerüst ist die Stütze unseres Körpers. Die Knochen schützen wichtige Organe wie Lunge und Gehirn.

Aufgabe 4:

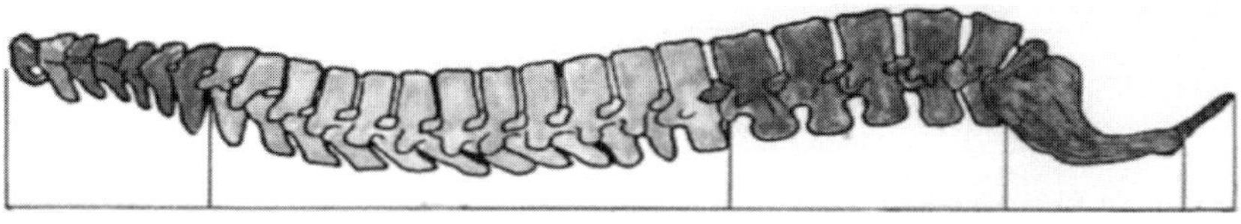

Halswirbel Brustwirbel Lendenwirbel Kreuz + Steißbein

Aufgabe 5: Wenn die Wirbelsäule steif wäre, könnten wir uns nicht bücken, nicht drehen und überhaupt kaum bewegen.

Aufgabe 6: Bewegungen Wirbelsäule: Hocken, sitzen, laufen, springen, stehen .

Aufgabe 7: Siebenundzwanzig Knochen bilden die gesamte Hand.

Aufgabe 8: Der größte Knochen ist der Oberschenkelknochen, der kleinste ist der Steigbügel, ein Gehörknöchelchen im Ohr.

3 Aufgabe 1:

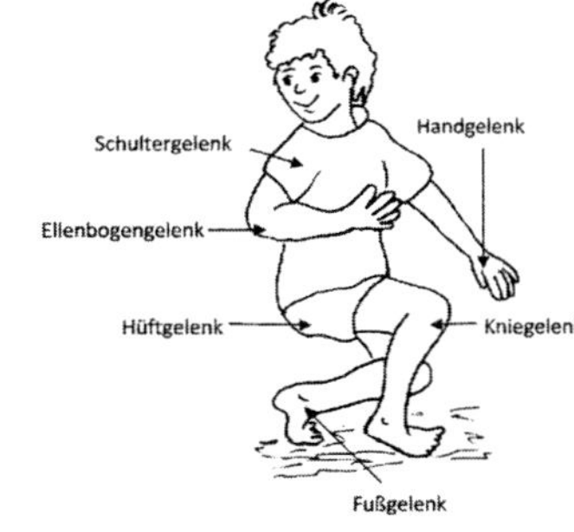

KOHL VERLAG
Erforsche ... den menschlichen Körper – Bestell-Nr. 11 579

3

Aufgabe 2: Schultergelenk und Hüftgelenk sind Kugelgelenke, Ellenbogen und Knie sind Scharniergelenke.

Aufgabe 3: Der Reihe nach: Gelenke, Muskeln, Knochen

Aufgabe 4:

Armmuskeln: Arm heben, tragen, winken, schreiben, Sachen ergreifen
Beinmuskeln: laufen, knien, auf Zehenspitzen gehen, stehen, hocken, treten
Bauchmuskeln: lachen, beugen, turnen, Stütze des Körpers

Aufgabe 5:

U	N	T	E	R	S	C	H	E	N	K	E	L	E	F
D	U	K	N	Ö	C	H	E	L	I	N	A	S	S	U
S	P	E	I	C	H	E	G	B	E	I	N	F	E	S
Z	G	E	R	N	I	A	R	M	Z	E	T	U	L	S
E	L	K	O	B	E	R	A	R	M	G	N	F	M	E
H	A	N	D	I	N	M	E	R	T	E	L	I	N	A
E	L	L	E	N	B	O	G	E	N	L	O	N	V	B
N	B	U	N	T	E	R	A	R	M	E	D	G	E	I
F	R	I	G	O	I	W	A	D	E	N	B	E	I	N
D	A	U	M	E	N	J	A	N	U	K	A	R	T	N
V	O	B	E	R	S	C	H	E	N	K	E	L	H	C

4

Aufgabe 1: Der Reihe nach: Herz, Lunge, Leber, Magen, Darm, Nieren

Aufgabe 2:

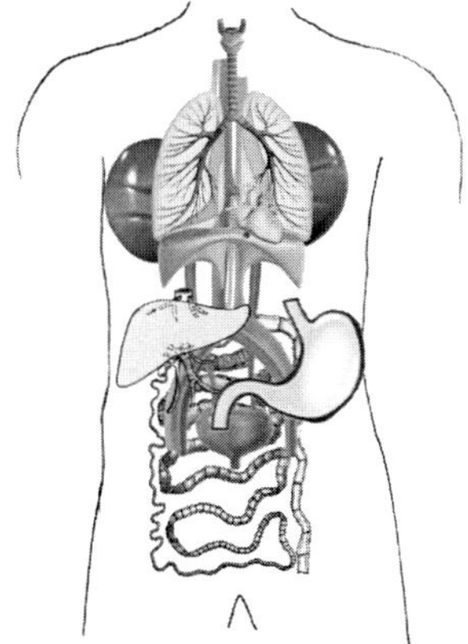

Aufgabe 3: Der Reihe nach: Organ, rechten, Lungen, linken

Aufgabe 4: Der Reifen würde platzen, da die Luft nicht entweichen kann. In unserem Körper wird die Luft eingeatmet und ausgeatmet, sodass nie zu viel da ist.

Aufgabe 6:

							5.					
				6.			K					
		1.	S	A	U	E	R	S	T	O	F	F
				R			E			2.		
				T			I	4.	B	L	U	T
7.	V	E	N	E	N		S			U		
				R			L			N		
				I			A			G		
				E	3.	P	U	M	P	E		
				N			F					

5 **Aufgabe 1:** Der obere Kreislauf ist der Lungenkreislauf, der untere der Körperkreislauf.

Aufgabe 2: Der Lungenkreislauf transportiert das Blut vom Herzen zur Lunge. Dort nimmt es Sauerstoff auf. Nun gelangt das Blut zum Herzen zurück. Der Körperkreislauf verläuft durch den ganzen Körper und sorgt dort für den Luftaustausch.

Aufgabe 3: Arterien transportieren das Blut immer vom Herzen weg. Venen transportieren das Blut immer zum Herzen hin. Durch die Kapillarwände werden Sauerstoff und Kohlenstoffdioxid ausgetauscht.

Aufgabe 4: Unser Blut transportiert den Sauerstoff, ist für die Blutgerinnung zuständig, für die Abwehr von Krankheitserregern und reguliert die Temperatur.

Aufgabe 5: Rote Blutkörperchen transportieren den Sauerstoff, weiße wehren die Krankheitserreger ab und die Blutplättchen helfen, Wunden zu verschließen.

6 **Aufgabe 1–3:**

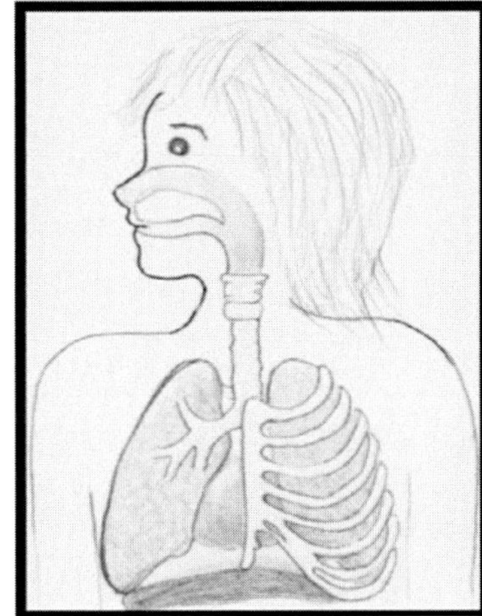

1. Nase, 2. Rachen, 3. Luftröhre, 4. Lunge, 5. Zwerchfell

Aufgabe 4: individuelle Lösungen

Aufgabe 5:

Nase	einatmen, ausatmen, Luft reinigen und erwärmen
Rachen	essen trinken atmen
Luftröhre	Luft kommt herein und heraus
Lunge	verbrauchte Luft wird gegen frische getauscht und umgekehrt
Zwerchfell	trennt Brust- und Bauchraum

Aufgabe 6: Der Reihe nach: Nase, Mund, Lunge, Bronchien, Lungenbläschen, Sauerstoff

Aufgabe 7: 1. Die Luftröhre, 2. Die Nase, 3. Das Zwerchfell, 4. Die Lunge, 5. Der Brustkorb

Aufgabe 8: Zusammengehörende Paare:

Blut: Den eingeatmeten Sauerstoff transportiert es zu allen Körperteilen.
Nase: Mit ihren feinen Härchen filtert sie den Staub aus der Luft.
Mund: Mit ihm kannst du ebenfalls Luft ein- und ausatmen.
Luftröhre: Sie leitet die eingeatmete Luft weiter in die Lungen.
Rippen: Sie schützen die Lungenflügel wie in einer Höhle.
Zwerchfell: Es lässt durch Heben und Senken die Luft ein- und ausströmen.

7 **Aufgabe 1:**

1. Mit dem Zähne putzen behalte ich gesunde Zähne.
2. Der Zahnarzt überprüft meine Zähne.
3. Ich gehe regelmäßig zum Zahnarzt.
4. Ich putze meine Zähne zweimal täglich.
5. Zu viele Süßigkeiten führen zu Zahnkaries.
6. Ich brauche starke Zähne, um in eine Möhre zu beißen.
7. Meine Zahnpasta enthält Fluorid.
8. Ich trinke meistens Milch oder Wasser.

13 Die Lösungen

7

Aufgabe 2: 1 = Backenzähne, 2 = Eckzähne, 3 = Schneidezähne

Aufgabe 3: <u>Die Verdauungsorgane</u>: Mund, Magen, Speiseröhre, Darm, Leber

Aufgabe 4: Der Reihe nach: Mund, Speiseröhre, Magen, Leber, Darm

Aufgabe 5: <u>In dieser Reihenfolge</u>: Mund, Speiseröhre, Magen, Leber, Dünndarm, Dickdarm

Aufgabe 6:

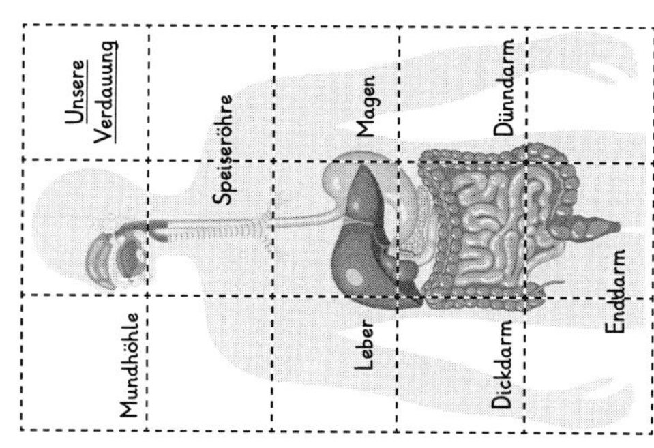

Aufgabe 7: <u>Richtig ist</u>: a) Tee, Wasser b) Pommes frites, Bonbons c) Brot, Obst, Gemüse

Aufgabe 8: <u>Gesund ist</u>: Wasser, Käse, Tomate, Salat, Brot, Birne, Möhre, Fisch, Milch, Banane, Gurke

8

Aufgabe 1:

1. Nieren: Filter
2. Harnleiter: bringen den Harn von den Nieren in die Blase
3. Blase: sammelt den Harn (Urin)
4. Harnröhre: Harn wird ausgeschieden = Pipi machen

Aufgabe 2:

- Dein Gehirn meldet dir, wenn du Durst hast.
- Wenn du trinkst, kommt das Wasser über den Magen in den Darm.
- Vom Darm wird das Wasser ins Blut aufgenommen.
- Die Nieren sammeln das Wasser aus dem Blut. Sie filtern Abfallstoffe heraus.
- In der Blase wird das Wasser aus den Nieren gesammelt. Wenn die Blase voll ist, musst du zur Toilette.

Aufgabe 3: Der Körper verliert Wasser durch Haut, Lunge, Darm und Nieren.

9

Aufgabe 1+2: individuelle Lösungen

10

Aufgabe 1+2: individuelle Lösungen

11

Aufgabe 1: Ohr, Zunge, Nase, Haut, Auge

Aufgabe 2: Mit den Augen kann man sehen. Mit den Ohren kann man hören. Mit der Zunge kann man schmecken. Mit der Nase kann man riechen. Mit den Fingern kann man fühlen.

Aufgabe 4:

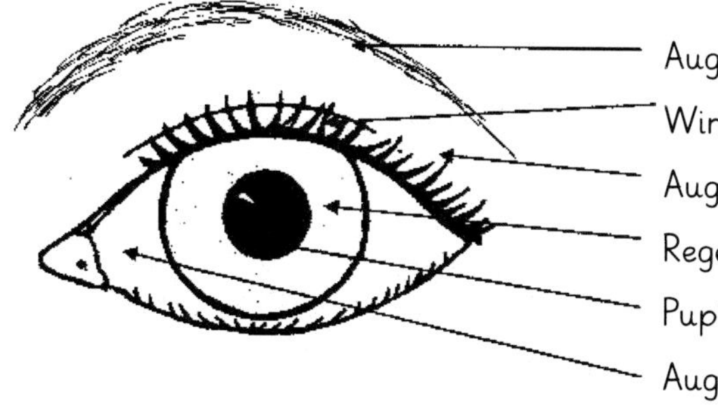

3 Die Lösungen

11 Aufgabe 5:

Außenohr: Schallwellen – Ohrmuschel – Gehörgang
Mittelohr: Trommelfell – drei Gehörknöchelchen (Hammer, Amboss, Steigbügel)
Innenohr: Schnecke mit Hörzellen – Hörnerv – Gehirn, der Höreindruck entsteht

Aufgabe 6:

S	T	E	I	G	B	Ü	G	E	L
		H	A	M	M	E	R		
		A	M	B	O	S	S		

Lösungswort: STIMME

Aufgabe 8:

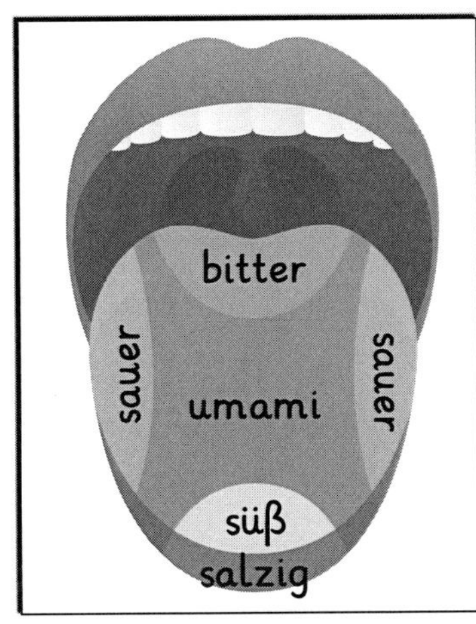

Aufgabe 10: Die Haut bildet ein Netzmuster.

Aufgabe 11: Der Lösungsspruch: Denken und Lesen

12 Aufgabe 1:

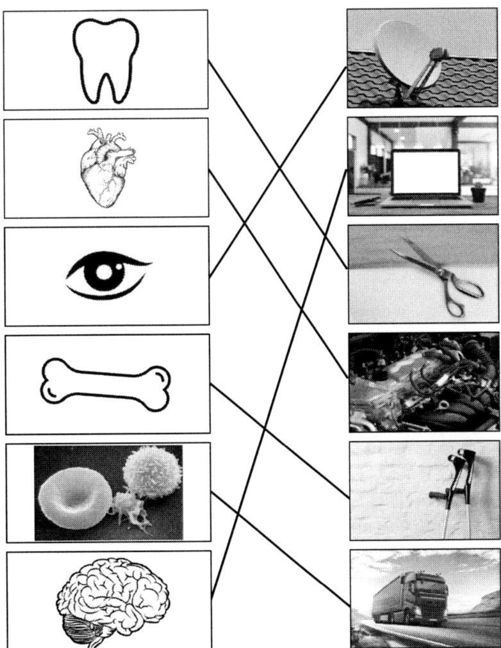

Aufgabe 2:

Zahn – Schere: Zähne und Schere sind beides Werkzeuge zum Zerschneiden
Herz – Motor: Das Herz ist wie ein Motor. Es arbeitet wie eine Pumpe
Auge – Satellitenschüssel: Genau wie die Satellitenschüssel empfängt das Auge Signale
Knochen – Krücke: Unsere Knochen sind wie eine Stütze für unseren Körper
Blut – LKW: Wie ein LKW ist das Blut ein Transportmittel für Sauerstoff und Nährstoffe
Gehirn – Computer: Das Gehirn arbeitet ähnlich wie ein Computer, wie eine Steuerzentrale

Bildquellen

Seite 7, 8, 11, 12, 16, 24, 25, 31, 37, 38, 48 (Schere)	© clipart.com
Seite 24, 25, 36, 37 (Leber)	© clipart.com
Seite 24, 25, 36, 37, 56 (Darm)	© clipart.com
Seite 9/55	© okalinichenko - fotolia.com © HN Works, Arcady, sudowoodo, nazar12, lovemask, sumkinn, Miceking, farhadahmadov - AdobeStock.com
Seite 10	© honeyflavour - fotolia.com; mikoo - AdobeStock.com
Seite 11	© mikoo - AdobeStock.com
Seite 12	© sumkinn, Miceking, sudowoodo, HN Works, nazart12, Arcady, lanastace, Turgay Gasimli, brovkoserhii - AdobeStock.com
Seite 13	© soduwoodo, Olga Begak Art, Miceking - AdobeStock.com
Seite 22	© Christos Georghiou, mikoo - AdobeStock.com
Seite 23	© mikoo - AdobeStock.com
Seite 24	© Morena - AdobeStock.com
Seite 25	© decade3d, krishnacreations, Alexandr Mitiuc - fotolia.com
Seite 26	© MariLee - AdobeStock.com
Seite 27	© Robert Kneschke - fotolia.com
Seite 28	© Morena, GraphicsRF - AdobeStock.com
Seite 29	© Sagittaria - fotolia.com
Seite 30	© Alexandr Mitiuc - fotolia.com
Seite 32	© denis_pc - AdobeStock.com
Seite 33	© Alexandr Mitiuc - fotolia.com
Seite 34	© tigatelu, SpicyTruffel, Dobrydnev, DGIM studio, liubov - AdobeStock.com
Seite 35	© CoolFinger101 - AdobeStock.com
Seite 36/37	© Olga, Miceking, sumkinn, morena - AdobeStock.com
Seite 38	© Olga - AdobeStock.com
Seite 39	© switchpipi - AdobeStock.com
Seite 40	© BabyQ, Olga Sh, artyzan12, gilar, анна линевич, Design Anja Becker, RedFish, aleksangel, LoopAll, MicroOne, Kazakova Maryia, MINHO, ThuyDuong, DragonTiger8, Olga Voron, Wasantha, FreeSoulProduction, Eduardo, Ann
Seite 41	© La Gorda - AdobeStock.com
Seite 44	© Natallia Vintsik - AdobeStock.com
Seite 45	© Arcady, HN Works, Sumkinn, nazar12, lovemask, lanastace, sudowoodo, K3Star, croisy - AdobeStock.com
Seite 46	© sudowoodo, Arcady, nazar12, lovemask, Sumkinn, artyzan12, An-Maler, RedFish, Raccoon, Design Anja Becker, aleksangel, Ilya - AdobeStock.com
Seite 47	© okalinichenko - fotolia.com
Seite 48	© Sweta - AdobeStock.com
Seite 49	© sumkinn, SpicyTruffel
Seite 52/53	© lovemask, nazar12, sudowoodo, sumkinn, Arcady - AdobeStock.com
Seite 54/59	© HN Works. croisy, Arcady, farhadahmadov, K3Star, dieter76, RAYBON, Александр Агафонов, Gudellaphoto, janvier, m.mphoto - AdobeStock.com
Seite 56	© decade3d, krishnacreations, Alexandr Mitiuc - fotolia.com
Zahlreiche weitere Illustrationen	© Gabriela Rosenwald